U0918712

东莞制造业比较优势、产业关联度及转型升级研究

DONGGUAN ZHIZAOYE BIJIAO YOUSHI CHANYE GUANLIANDU
JI ZHUANXING SHENGJI YANJIU

刘伟　刘国真◎著

人民出版社

前　言

2008年的金融海啸对东莞经济影响很大，使得原本看上去很美的东莞经济呈现了些许的颓废。加工贸易的发展模式已经走到了尽头。实际上，东莞市政府还是比较早就看到了加工贸易的弊端，从2005年起就启动了转型升级的预案，而2008年的金融海啸则进一步加速了东莞产业转型升级的步伐。众所周知，东莞是世界制造业名城，制造业转型成功与否直接关系着东莞经济的未来发展，因此，制造业转型升级是东莞产业转型升级的重中之重。也正是在这一背景下，我们觉得有必要针对东莞制造业的转型升级问题进行深入研究，而本书就是我们研究的一项成果。

产业转型升级本质上来讲就是一国或者一个地区如何选择工业化发展的道路，以适应经济的可持续发展问题。也可以说，产业转型升级是关系到一国或者地区经济是否能够可持续发展的战略措施。但是，一个发展中国家或者地区如何进行产业转型升级则是理论界和学术界都非常关心的问题。比较优势理论作为经典国际贸易理论，经过学者的不断完善和发展，在解释产业结构形成以及产业转型升级中取得了很大的成功。但是，理论并不是万能的，比较优势理论适合解释发展中国家经济发展吗？而中国作为最大的发展中国家适合使用比较优势对其产业转型升级进行解释吗？这些都需要我们进行理论和实践的论证，这既具有非常重要的理论意义，也具有非常重要的现实意义。

东莞作为中国改革开放的排头兵。1978年以来，通过低廉的劳动力资源形成了“两头在外、出口导向”型的加工贸易发展模式。这种模式带动着东莞经济迅速发展，使得东莞成为了“世界工厂”之一。但是，也要看到，人民币升值、劳动力成本不断上升等因素使得“三来一补”的贸易模式弊端越来越突出，附加值低、利润低而且对环境的破坏很大，最重要的是这种贸易模式非常容易受到国外经济的冲击，常常使得本国或者地区的经济受制于人，2008 年席卷全球的金融海啸对我国特别是东莞造成了巨大的影响就是很好的证明。因此，东莞制造业必须要进行产业结构的调整和升级。

东莞制造业需要进行产业转型升级，那么比较优势理论适合解释东莞制造业的转型升级吗？本书试图利用东莞制造业的实际情况予以验证，并力争回答以下问题：东莞制造业是否能够按照比较优势进行产业结构的转型升级？从要素禀赋角度出发，资本积累能够改善东莞制造业比较优势，并进而促进制造业转型升级呢？

本书将东莞制造业的产业升级界定为产业间升级和产业内升级。产业间升级主要是产业结构由劳动密集型为主向资本密集型为主的转变，以实现主导产业的有序升级。而产业内升级主要是产业由高成本、低质量特征向低成本、高质量特征，由低加工度特征向高加工度特征转变，以提升现有产业的国际竞争力。而与两类产业升级相对应，存在着两类国际分工：产业间分工和产业内分工。本书正是通过产业间分工和产业内分工是否存在比较优势来研究产业升级机制。

除了利用比较优势研究制造业的转型升级外，本书还利用投入产出模型，以东莞制造业十大支柱性产业为例，深入研究了东莞制造业的产业关联度，为东莞制造业产业转型升级提供理论支持。

本书遵循的研究思路是：当一国或者地区依据比较优势调整本国（地区）的产业结构时，会由于生产活动变得更具有效率而带来更高的产出水平，这种产出水平在既定的储蓄率条件下，通过储蓄规模的扩大支持资本不断地积累，从而导致本国或者地区的要素禀赋条件的改善，进而提升本国或地区的比较优势和产业结构。因此，本书的侧重点放在要素禀赋和投入产出分析上，通过对东莞制造业产业间分工、产业内分工表现的研究以及投入产出分析，探讨东莞制造业比较优势的内生机制，重点探讨东莞制造业要素禀赋变化、东莞制造业资本积累的内在机制，研究东莞制造业各行业比较优势与产业结构升级的良性循环机制。

本书具体内容除了导言外，主要分五章进行论述。第一章主要针对比较优势理论演进及产业转型升级的文献进行综述。梳理了各种比较优势理论的演进过程，并且分析了其对产业转型升级的影响和路径，在此基础上，提出了本研究的理论基础——开放经济条件下的内生动态比较优势理论。第二章主要针对东莞制造业产业的比较优势及其要素禀赋进行研究。通过构造并计算东莞制造业各产业比较优势指标，了解东莞制造业各产业比较优势的现状以及形成这种比较优势格局的要素禀赋特征，为东莞制造业产业间转型升级提供理论基础。同时，通过研究东莞制造业产业内和产业间比较优势及其要素禀赋特征，从产业间和产业内两个方面论述了东莞制造业比较优势及其产业升级。通过计算东莞制造业各产业产业内贸易指数，了解东莞制造业各产业产业内贸易发展情况以及形成这一状况的要素禀赋特征，为东莞制造业转型升级提供前提和基础。第三章则以东莞制造业十大支柱产业为例，通过投入产出和产业关联度分析，了解东莞制造业之间的关系，为东莞制造业转型升级提供支撑。第四章通过分析制造业比较优势、资本积累和产业转型之间的关系，利用资本积累搭建起比较优势和产业转型升级之间的桥梁，研究资本积累是如何影响东莞制造业各产业产业间和产业内分工比较优势，又是如何推动制造业产业转型升级的，为下一章政策和建议的提出打下坚实的理论基础。第五章针对上述的验证和分析，提出东莞制造业产业转型升级的路径以及建议和对策。

比较优势理论作为国际贸易理论中的常青树，其理论体系的包容性和开放性保证了它具有强大的生命力。而投入产出分析作为产业分析的常用工具，在了解产业结构方面具有明显的优势。在全球一体化不断深入发展的今天，国际分工已经细到了不仅仅涉及产业间，而且不断向产品内发展，因此，这就赋予了比较优势理论和投入产出理论需要深入到产品内研究的新任务。用比较优势理论和投入产出分析解释东莞制造业产品内分工以及产业转型升级将成为一个非常重要的研究领域，也是笔者进一步深入研究的方向。

目　录

导　言

一、研究意义及研究现状

本书以东莞制造业比较优势及其产业转型升级为题，主要出于以下考虑：第一，作为世贸组织的成员国，中国正在以一种非常积极的态度，采取更加开放的措施融入经济全球化，并且正在探索具有中国特色的新型工业化道路，试图推动产业转型和升级；第二，东莞作为中国融入经济全球化的排头兵，以加工贸易为主要特点的出口导向型经济曾经给东莞的发展带来活力，但是其弊端越来越明显，亟待进行产业调整和升级。

2008 年 12 月，国务院颁布的《珠江三角洲地区改革发展规划纲要(2008—2020)》，强调在珠三角地区建立现代产业体系的基础上，要加快发展先进制造业，大力发展高技术产业，改造提升优势传统产业，这为东莞进行产业结构的调整和升级指明了方向。2010 年 10 月，党的十七届中央委员会第五次全体会议通过了《关于制定国民经济和社会发展第十二个五年规划的建议》，提出坚持走中国特色新型工业化道路，必须适应市场需求变化，根据科技进步新趋势，发挥我国产业在全球经济中的比较优势，发展结构优化、技术先进、清洁安全、附加值高、吸纳就业能力强的现代产业体系，这为我们进一步进行产业转型升级提供了行动纲领。2011 年初，为贯彻落实党的十七大和十七届五中全会精神，认真总结“十一五”发展经验，全面分析把握国内外形势和广东经济社会发展阶段性特征，广东省政府对制定省国民经济和社会发展第十二个五年规划提出若干建议，进一步强调着力调整优化产业结构，建设现代产业体系，加快发展以高端新型电子信息制造业等为代表的高新技术产业，切实提高产品竞争力。

东莞作为加工贸易的典型代表，其工业发展的典型特点就是两头在外、出口导向型的“三来一补”贸易模式，这种模式充分利用低廉的劳动力成本，应该说在初期推动了东莞经济迅猛发展，但是，人民币升值、劳动力成本不断上升等因素使得“三来一补”的贸易模式弊端越来越突出，附加值低、利润低而且对环境的破坏很大。最重要的是这种贸易模式非常容易受到国际经济波动的冲击，常常使得本国或者地区的经济受制于人，2008 年席卷全球的金融海啸对我国特别是东莞造成了巨大的影响就是很好的证明。因此，以“三来一补”模式为主的东莞制造业必须要进行产业结构的调整和升级。

本书将主要结合中国切实走产业调整升级，建设具有中国特色的新型工业化道路的实际情况以及东莞制造业的具体情况，以东莞制造业比较优势及其产业结构转型升级为题目，探讨东莞制造业在当前开放经济条件下的产业结构调整问题。本书试图回答以下两个问题：一是东莞制造业能否依据比较优势进行产业结构调整，即比较优势能否内生变化并促进产业结构优化？二是从要素禀赋角度分析资本积累是如何影响东莞制造业比较优势变化及产业结构调整的？

产业结构的转型升级其实本质上来讲属于工业化建设问题。任何一个国家工业发展到一定阶段，都不可避免遇到这个问题。应该说产业结构的转型升级是任何发展中国家在经济发展过程中必然遇到而且也必须要解决的问题。但是，我们必须搞清一些问题，诸如，一国或者地区的产业结构是怎么形成的？产业结构形成后为什么需要调整升级？如何调整升级、升级的方向和路径在哪里？应该说这些问题都会困扰一个国家或地区的工业化建设。对于这些问题，理论上解决的办法很多，无疑，比较优势理论作为比较成熟的理论在解释和解决产业结构升级问题上是比较有说服力的。一般而言，一国或地区利用资源禀赋生产出产品并出口形成自身的比较优势，这种比较优势随着经济的不断发展而得到强化，最终会导致本国要素禀赋条件发生改变，比较优势从而发生变化，产业转型升级的时机就会出现。我国作为最大的发展中国家，在工业化建设的过程中也自然会遇到产业结构转型升级这样的问题。而作为我国改革开放的排头兵、“中国制造”典型代表的东莞也面临着这些问题。比较优势理论是否适合解释东莞产业结构转型升级问题呢？这个问题还需要利用东莞的实际情况结合理论进行分析探讨。探讨比较优势理论在东莞制造业产业结构调整与升级方面的适用性，既具有深刻的理论意义，而且对于明确东莞未来制造业发展重点、方向具有非常现实的指导意义。

限于篇幅，本书将主要探讨东莞制造业的产业结构升级问题，寄希望通过对东莞制造业比较优势现状的分析，搜寻出比较优势演进的内生机制，探讨东莞能否通过比较优势的动态转换，促进其制造业的产业结构升级。

二、国内外理论综述

比较优势理论是国际贸易领域内一个比较古老的理论，大体上经历了静态比较优势理论、动态比较优势理论以及内生比较优势理论的发展。而产业转型升级可以大体上分为产业间转型升级和产业内转型升级，那么将比较优势与产业转型升级联系起来，我们就大体上可以分为产业间比较优势及产业转型升级、产业内比较优势及产业转型升级。下面，我们就从这几个方面对相关文献进行梳理。

（一）产业间比较优势及产业转型升级研究

亚当·斯密的绝对成本理论开创了比较优势理论研究的先河，自此，不同时代的学者从不同的角度，运用不同的方法对比较优势理论进行研究，得到了不少有价值的理论成果。

1. 国外学者对比较优势及产业转型升级的研究

国外学者对比较优势理论的发展主要是从静态比较优势、动态比较优势以及内生比较优势等几个方面进行演进的。

（1）静态比较优势理论

静态比较优势理论主要是亚当·斯密的绝对优势理论、大卫·李嘉图的比较优势理论以及要素禀赋理论，也叫相对成本理论。

绝对优势理论又叫做绝对成本理论。斯密认为，绝对优势是指某国在某种产品的生产上所花费的成本绝对地低于他国。如果该国已经拥有这种绝对优势，它就应该充分利用这种优势，发展某种产品的生产，并且出口这种产品，以换回其他国在生产上占有绝对优势的产品，这样的贸易对交易两国都是非常有利。

应该说他提出的各国应该根据各自的优势进行国际分工，通过国际贸易互相获得利益也是正确的。但是这一理论最大的局限就是它只强调了具有绝对优势的产品的国家才能通过国际分工和国际贸易获得比较优势，这是与现实情况不符的！斯密的这个缺陷被大卫·李嘉图的比较优势理论弥补了。

大卫·李嘉图是在全面继承斯密的经济思想的基础上提出比较优势理论的。他认为一国如果有绝对优势的产品，当然要充分利用这一优势开展国际贸易，参与国际分工。但是如果该国在所有产品上都没有绝对优势，只要它与其他国家相比，生产各种产品的相对成本不同，那么该国仍然可以通过生产相对成本较低的产品并出口来换取它生产中相对成本较高的产品以获利。这就是比较优势理论，也叫相对成本理论。

赫克歇尔和俄林的要素禀赋理论（即 Heckscher-Ohlin 模型）是从新古典分析角度出发，进一步发展了比较优势理论。该理论认为，在国际分工和国际贸易中，不同的国家可以根据要素禀赋不同决定的比较优势进行分工和调整产业结构，每个国家应该生产并出口该国充裕要素的产品，进口该国稀缺要素的产品。如果一国劳动力资源丰富，其产业结构应该主要表现为劳动密集型行业，出口结构也会相应地反映出该国在劳动密集型行业方面存在着比较优势。而一国如果资本要素比较丰富，那么其产业结构就应该以资本密集型行业为主，出口结构也应该反映出该国在资本密集型行业的比较优势。

静态比较优势理论最大的特点就是假定生产成本是决定产品价格的唯一因素，这些理论主要是为了从国际贸易角度说明经济增长，即在某种经济环境下，一国一定的贸易模式与贸易格局如何影响了该国产出效率与福利水平，这就决定了这些理论很难说明比较优势及由此所决定的对外贸易模式与国际贸易格局是如何演变的。而动态比较优势理论很好地解决了这个问题。

（2）动态比较优势理论

动态比较优势理论在很大程度上是对静态比较优势理论的引伸和发展。一般人认为，对动态比较优势理论的现代研究始于20世纪50年代。

约翰·理查德·希克斯（J. Ricks，1953）在《关于长期美元问题的讲演》中对不同部门中劳动生产力增长或技术进步的差异对贸易的影响进行了精辟的阐述。随后，享利·约翰逊（Harry G. Johnson，1959）使用一般均衡分析，重点考察了经济增长对贸易条件的可能影响。同一时期，罗布津斯基（Rybczynski，1955）提出了著名的罗布津斯基定律，证明了在商品价格不发生变化的条件下，生产要素的增长将导致一个部门的产出绝对地增加而另一个部门的产出绝对地减少。保罗·萨缪尔森（P. Samuelsson，1959）和巴辛尼蒂（P. Pasinitti，1960）分别对李嘉图的贸易与增长理论进行了系统的科学表述，构建了李嘉图的动态贸易模型。

20世纪60年代以后，动态比较优势理论得到了进一步的发展，更多的学者将动态比较优势理论与经济增长联系起来进行研究。

奥尼奇和尤加瓦（Oniki H. 和 Uzawa H.，1965）将比较优势理论和新古典经济增长理论结合起来，建立了一个动态比较优势模型，该模型详细地分析了资本积累对贸易格局的影响，论述了比较优势的长期变化趋势。

罗纳德·芬德雷（Ronald Findlay，1970）提出了动态要素禀赋模型。该模型假定有两种可贸易品，它们都是最终消费品，资本存量是由非贸易部门生产。他认为人口增长率和储蓄率是造成比较优势的根本原因。他强调资本劳动比的重要性。他认为长期中资本和劳动的稳态增长可能使得比较优势，从而贸易格局发生变化。

动态比较优势理论最大的特点就是将增长理论引入贸易模式的研究，该理论考察了随着经济增长，比较优势的的动态发展变化引起的贸易模式的改变及其产出效应和福利影响，并揭示在经济增长的过程中受要素积累和技术进步的影响，一国比较优势动态变化的决定因素及内在机制。但是动态比较优势理论却将引起这些变动的要素禀赋变动，特别是技术变动外生化了！这样，在动态比较优势理论中，发展中国家的技术进步仅仅表现为接受发达国家的技术转移以及模仿发达国家技术，国家政策也只是通过进口替代、出口补贴及幼稚产业扶持来实现对贸易结构的影响。这样的话，发展中国家就很难有效缩短与发达国家的技术差距或者扭转由于技术因素决定的比较优势。动态比较优势理论没有抓住技术进步的根本所在。

（3）内生动态比较优势理论

动态比较优势理论将影响要素积累的技术进步外生化了，内生动态比较优势理论则弥补了这一缺点，内生动态比较优势理论目的在于揭示比较优势演化与内生技术进步之间的相互关系、考察在连续时间内比较优势内在决定的因素及其演化机制。内生比较优势论的代表主要有：

克鲁格曼（1987）首次将动态比较优势与技术进步同时内生化，他探讨了贸易模式的决定问题，他强调生产经验的重要性，认为部门特定积累起来的生产经验决定着比较优势和贸易模式，而这些生产经验的积累是通过“干中学”实现的。

陈志齐（1992）提出了长期 H－O 理论。该理论最大特点是将储蓄和劳动供给看作是一个内生变量，他运用一个新的动态两部门均衡模型分析了在技术、消费者偏好和其他因素都相同的情况下两国最初的要素比率的不同是如何决定两国长期比较优势的。

杨小凯（1999）建立了新兴古典贸易理论，他将个人专业内生化了，并认为个人专业化是比较优势的主要来源。他认为，一个国家即使是没有外生比较优势，但只要每个人选择不同专业，就会形成内生比较优势。

邦德、特拉斯克和王萍（Bond、Trask 和 Ping Wang，2003）首次将人力资本要素引入分析框架，建立了一个物质资本和人力资本互动的长期模型。他们在内生经济增长模型中分析了贸易模式的长短期决定因素，认为要素积累比例在长期内是很难确定的，从而推翻了原有的静态和动态 H－O 模型。

内生动态比较优势典型特点就是将诸如技术进步、人力资本的形成等要素进行了内生化，并强调比较优势、资本积累与产业升级的良性互动机制。在经济处于非稳态增长中，正处于不断发展中的国家在经济增长的稳态尚未到来之前，其实际投资将会持续大于持平投资，因此，资本的不断积累会逐步改变该国的要素禀赋条件，从而不断地改善该国的比较优势和产业状况。因此，当一国比其他国家具有更快更迅速的资本积累时，这就会逐渐地改善其在资本密集型产业上的比较优势，从而提高资本密集型产业的比重，促进其产业结构的转型升级。

2. 国内学者对比较优势及产业转型升级的研究

随着我国贸易自由化进程地不断加快，我国学者也开始研究比较优势理论及产业转型升级。他们更多地选择探讨中国应如何利用自身的比较优势参与国际分工并实现产业结构升级的问题。主要代表有：

林毅夫等（1999）发展了比较优势理论，他们将产业结构和技术结构的升级内生化了，认为一国最具竞争能力的产业结构和技术结构是由其要素禀赋结构所决定的。他们认为，产业结构和技术结构总水平的升级，都是经济发展过程中内生的变量，是经济系统中要素禀赋结构不同的变化结果。对于发展中国家，持续的技术进步并不能通过科研投资或人力资本积累来实现，而是通过企业在选择产业结构和技术结构时向较为发达经济学习实现的。

李荣林（2000）考察了非均衡动态贸易理论问题。他认为，在非均衡动态贸易模型中，比较优势的变化与工业化努力是可以兼容的。他建议发展中国家应该通过采取控制人口增长、加速资本积累、促进资本密集型技术进步等一系列措施来加速工业化进程。

张幼文（2005）在全球化经济要素稀缺与收益的决定理论的基础上，通过对中国在对外开放中现实问题的分析，提出了“新开放观”。他认为，劳动力资源是中国参与经济全球化的要素优势，廉价的几近无限供给的劳动力资源既是中国参与经济全球化的优势，也是中国在经济全球化中利益分配不利的原因。在全球化经济中，我国发展贸易战略重点是通过培育、购买等方式获得稀缺要素，改变要素结构，形成要素比较优势，进而改变在全球化中的分工与利益分配地位。

余剑、谷克鉴（2005）从全球经济一体化的角度出发，选取中国1978年以来不同时期的有关数据，通过计量方法建立模型，阐述了在全球经济一体化条件下，比较优势战略运用导致的我国要素禀赋结构的改变，以及由此产生的产业以及贸易结构变革等问题。他们认为，比较优势及其动态化原则是中国经济增长和结构调整的指导思想。

（二）产业内比较优势及产业转型升级研究

产业内贸易理论是国际经济学界完全有别于传统国际贸易理论的一种新理论。传统的国际贸易理论主要是针对国与国、劳动生产率差别较大的和不同产业之间的贸易。而产业内贸易理论主要是针对国际贸易中发生在不同国家之间，既进口又出口同类产品的贸易。早期的产业内贸易理论研究主要侧重于发达国家，研究的主要是如何计算产业内贸易指数、如何从理论上和经验分析等角度解释产业内贸易等方面。20 世纪后期开始，产业内贸易理论研究主要集中在水平型与垂直型产业内分工与贸易的区分研究上。下面，我们就水平型和垂直型产业内贸易从国外和国内两个方面进行阐述。

1. 国外学者关于产业内比较优势及产业转型升级研究

法尔维（Falvey，1981）首先对垂直型产业内贸易进行研究，该理论最大的特点就是利用产品质量的垂直差异对比较优势理论基本框架进行简单的修正，从而使得该理论既能够对产业内贸易进行理论解释，同时也很大地发展了比较优势理论。他指出资本充裕的国家应出口高质量物品而劳动密集型的国家只能出口低质量物品。

法尔维和基兹科斯基（Falvey 和 Kierzkowski，1987）在法尔维（Falvey，1981）的基础上考虑产品存在质量垂直差异和传统的生产单一同质产品的两个部门建立模型。该模型表明，即便是不存在不完全竞争和规模经济的条件下，垂直型产业内贸易也是存在的。工资较低的国家在生产低质量产品上将会具有比较优势，而工资较高的国家在生产高质量产品上将会更具有比较优势。他们还认为，两国间要素禀赋差异对于垂直型产业内贸易增减具有非常重要的影响。

萨克德和沙顿（Shaked 和 Sutton，1984）也对垂直型产业内分工和贸易进行了研究，其理论是在存在规模经济和寡头垄断的情况下，将产品品种的不同质量和R&D费用支出相联系来分析产业内贸易活动。他们认为，在自由贸易条件下，一种产品品种只能由一家厂商来同时为两个市场生产和提供。而且只有当两个国家分别保留下来一家生产不同质量品种的厂商的情况下，产业内贸易才会发生，但是却不能确定贸易流向。

国外学者除了对产业内贸易理论进行研究外，一些学者还针对产业内贸易进行经验研究以及产业结构调整研究。

格林纳韦和米尔纳（Greenaway和Milner，1984）分别使用小样本37个观测数据和大样本68个观测数据，对1977年英国产业内贸易状况进行研究。该研究证明了比较优势是决定垂直型产业内贸易的重要原因。

塞利（Celi，1999）对英国1990年的垂直型产业内贸易和水平型产业内贸易进行了研究，他认为，高端垂直型产业内贸易与产品的资本密集度、人力技能都是正相关的。

深尾京司等（KyojiFukao等，2003）使用日本海关1988—2000年HS九位数水平上的统计数据，分析了FDI对东亚地区垂直型产业内贸易的重要作用。他们认为，在发达国家与发展中国家间表现得非常明显的是垂直型产业内贸易，大部分的这种贸易份额是由于跨国公司在不同的国家之间进行垂直性的劳动分工造成的。同时，他们认为，当日本与低收入的东南亚国家进行贸易时，要素禀赋不同是推动垂直型产业内贸易发生的重要因素。

2. 国内学者关于产业内比较优势及产业转型升级研究

国内学者对产业内贸易的研究，主要是对我国参与产业内分工的程度及影响我国参与分工的各种因素进行分析。

徐娅玮（2001）利用时间序列模型对中国产业内贸易发展进行了线性回归分析，结果发现，由于很多我国企业还没达到规模经济收益递增阶段，规模经济对中国产业内贸易影响不是很大。

马剑飞等（2002）对中国1999年和2000年跨部门面板数据建立模

型进行加权回归分析，结果表明，产品的多样化与我国产业内贸易呈正相关，与徐娅玮（2001）的观点相同，他们也认为，规模经济对中国产业内贸易影响不大。同时，他们发现FDI与我国产业内贸易呈负相关。

耿强、吴春燕（2004）利用东亚部分国家电子信息产业1988—2000年的面板数据建立模型进行计量回归分析。他们认为，FDI在垂直产业化分工和产业内贸易中起着非常关键的作用。

应该说，我国学者更多地将研究重点放在产业内贸易理论上，并没有过多地涉及产业内贸易与产业转型升级的关系研究，但是这个关系到我国产业转型和升级的发展方向问题，因此，本书将在这个方面进行努力，试图有所突破。

（三）投入产出理论及产业转型升级研究

每个经济体系无论是发达国家的经济体系还是发展中国家的经济体系都有一个复杂的内部结构，经济的运行及其发展水平就取决于各个不同组成部分的相互关系，这犹如一个钟表指针的行走受着内部齿轮的控制一样。有关产业关联的研究主要体现在投入产出分析上。投入产出分析是运用一般均衡理论对错综复杂的经济活动之间在数量上的依存关系所进行的一项实证研究。

投入产出分析的理论基础是新古典学派瓦尔拉斯（L. Walras）的一般均衡理论，它把某一经济体系的各部门之间的相互依存关系通过一个线性方程组矩阵来描述，该经济体系的具体的结构特征就由这些方程系数的量值来反映，这些系数反映了各部门间的技术经济联系。

1. 国外学者关于投入产出理论的研究

列昂惕夫在原来研究的基础上对产业结构进行了更加深入的研究。他于1953年和1966年分别出版了《美国经济结构》和《投入产出经济学》两书，建立了投入产出分析体系，包括投入产出分析法、投入产出模型和投入产出表等。他利用这一分析法分析经济体系的结构与各部门在生产中的关系，研究经济的动态发展以及技术变化对经济的影响

投入产出理论的应用领域十分广泛，已经有100多个国家和地区编制了各种各样的投入产出表，投入产出理论已经获得普遍的认可和应用。例如：马图斯泽维斯基、皮齐和索耶（T. I. Matuszewski，Paul. R. Pitts & John A. Sawyer，1963）将加拿大进出口业在整个开放经济体中的情况，利用投入产出模型进行了分析。奥马尔·法鲁克（Umar Farooq，2008）研究智能运输系统能否会给美国密歇根州带来巨大经济效益这个问题时，采用投入产出模型来加以分析，并根据此模型做出科学的预测，得出结论为：如果密歇根州采用该智能运输系统，将会带来巨大的经济效益。安德烈·卡拉斯卡尔·因塞拉（Andre Carrascal Incera，2011）运用投入产出表分析了旅游业对西班牙加利西亚（Galicia）地区的重要性程度，发现旅游业是该地区最有效率、投入最低、产出最大的行业，应该在该地区大力发展旅游业。埃斯特·维拉斯奎兹（Esther Velázquez，2006）研究西班牙安达露西亚（Andalusia）地区的水资源消耗这个问题时，将能源利用模型和投入产出模型结合起来，最终在如何解决该地区水资源消耗问题时给出了自己的看法。奥斯特海文（Jan Oosterhaven，2008）利用中国、韩国、美国和荷兰的数据编制投入产出分析表，测试了大国与小国、发达国家与发展中国家的关联性。

此外，还有许多学者对投入产出分析法进行了进一步深入的发展和运用。此基础上所形成的投入产出分析理论，在借助新的分析工具（比如控制论、运筹学、计量经济学）后，不断得到发展和完善。

2. 国内学者关于投入产出理论的研究

20世纪50年代末60年代初，科学家钱学森和经济学家孙冶方为填补了我国在投入产出理论领域的研究空白，提议中科院成立专门的小组对投入产出理论加以研究。截止到目前为止，投入产出技术在我国发展

迅速，取得了一系列理论成果，并将该技术运用到生产生活领域，在我国改革开放和经济建设过程中起到了不可估量的作用。例如：

刘起运（2005）基于产品的需求视角，较系统地建立了产品的需求结构系数模型，提出完全分配系数和直接分配系数的概念，分析了需求结构系数模型。这是国内第一篇系统研究投入产出对称数学模型的论文。并给出了需求结构系数模型的应用区域，不仅极大的丰富了模型分析的手段，拓宽了投入产出模型分析应用的边界，也克服了传统投入产出分析的某些局限性。

邵永运（2013）认为在实际的经济管理中，广义动态投入产出模型的投资系数矩阵大多数都是奇异矩阵。考虑到投资系数矩阵的奇异性和时滞，进行时滞广义动态投入产出模型的容许性分析，并利用 Lyapunov 方法以线性矩阵不等式的形式给出模型的容许性条件。

李江帆（2001）用产业关联理论，定量分析了广东省旅游业的产业关联效应以及旅游业的波及效应。在他的研究中，主要借助了旅游业的投入产出结构、感应度与感应度系数、影响力与影响力系数等指标来加以研究，通过研究，他认为旅游业对国民经济的带动性以及该产业的关联性都很强。

张国富（2009）以河南省农产品加工业的投入产出表为基础，通过计算，得出河南省农产品加工业的产业关联相关系数，并为该省农产品加工业的未来发展提出了相关建议。

贾洪（2008）通过分析国民经济中建筑业的影响力系数和感应力系数，阐明了建筑业成为我国支柱产业的原因。他认为我国的建筑业具有以下特点：不仅该产业的影响力系数较高，对与之相关联的中间产品的需求量大，而且建筑业的波及效果十分显著。

三、研究目标及研究内容

（一）本书研究的目标和思路

本书研究的目的是“以比较优势理论为基础，通过投入产出分析，探析东莞制造业是否按照比较优势参与国际分工以及资本积累是否有助于其比较优势的内生演变，并最终促进产业转型升级”。

本书将东莞制造业的产业升级界定为产业间升级和产业内升级。产业间升级主要是产业结构由劳动密集型为主向资本密集型为主的转变，以实现主导产业的有序升级。而产业内升级主要是产业由高成本、低质量特征向低成本、高质量特征、由低加工度特征向高加工度特征转变，以提升现有产业的国际竞争力。而两类产业升级相对应存在着两类国际分工：产业间分工和产业内分工。本书正是通过产业间分工和产业内分工是否存在比较优势来研究产业升级机制。

本书遵循的研究思路是：当一国或地区依据比较优势调整本国的产业结构时，会由于生产活动变得更具有效率而带来更高的产出水平，这种产出水平在既定的储蓄率条件下，通过储蓄规模的扩大支持资本不断地积累，从而导致本国或者地区的要素禀赋条件的改善，进而提升本国或地区的比较优势和产业结构。因此，本书将重点分析要素禀赋，通过对东莞制造业产业间分工、产业内分工现状及其比较优势进行研究，以及对产业结构的投入产出分析，探讨东莞制造业各产业比较优势的内生演化机制，以及东莞制造业资本积累的形成机理，以此来研究东莞制造业各产业比较优势的变动以及产业转型升级的良性循环机制。

（二）本书研究的内容

本书除导言外，共分五章，具体内容如下：

第一章主要针对比较优势理论演进及产业转型升级的文献进行综述。主要是从传统比较优势理论及产业转型升级研究、动态比较优势理论及产业转型升级研究、内生动态比较优势理论及产业转型升级研究三个方面进行综述，详细分析了这三个理论的优缺点以及与之相关的产业转型升级方面的措施和建议，并在最后提出了本书的理论基础——开放条件下的内生动态比较优势理论。

第二章主要针对东莞制造业的比较优势及其要素禀赋进行研究。东莞制造业的发展现状使得我们看到了东莞这种加工贸易的格局在极大地促进东莞经济迅猛发展的同时，其发展中的弊端也逐渐显露出来，特别是制造业表现得非常明显。东莞制造业产业间转型升级迫在眉睫。本书先是利用2005—2013年东莞制造业的相关数据计算出了东莞制造业产业间比较优势的指标。这些指标显示东莞的电气机械及器材制造业、通讯设备、计算机及其他电子设备制造业等15个行业具有极强的比较优势，而饮料制造业、医药制造业、农副产品加工业、食品制造业、橡胶制品业、黑色金属冶炼及压延加工业和化学纤维制造业属于比较劣势行业。最后，本章利用柯布—道格拉斯生产函数对东莞制造业产业间比较优势的要素禀赋进行研究表明，东莞制造业各行业的比较优势与劳动、外资正相关，而与资本负相关，与技术水平负相关，但不是很显著。各产业对比较优势具有不同的固定影响，但是差异很大。金融海啸对东莞制造业各产业比较优势的影响也很大。

同时，本章还研究了东莞制造业产业内比较优势及其要素禀赋特征。作者根据产业内贸易理论计算了东莞制造业各产业产业内贸易指数，2005—2013年东莞制造业各产业的在产业内贸易指数存在较大差异。产业内贸易指数上升的行业有：纺织业、家具制造业、化学纤维制造业、黑色金属冶炼及压延加工业、专用设备制造业、电气机械及器材制造业和通讯设备、计算机及其他电子设备制造业。产业内贸易指数下降的行业包括：农副产品加工业、印刷业和记录媒介的复制、文教体育用品制造业、交通运输设备制造业等。该指数表明产业内贸易活动在东莞制造业已占有相对较高的份额，东莞制造业参与产业内国际分工的程度在加深。同时，本书还使用 Greenaway、Hine 和 Milner（1994，1995）以及 Greenaway 和 Torstensson（1997）等所采用的进出口单价比较法来区分东莞制造业产业内贸易中的产品异质性特征，以此来分析东莞制造业各产业产业内贸易的比较优势。结果表明东莞制造业主要从事垂直型产业内贸易，主要出口低质量低价格的产品，进口高质量高价格的产品。最后本章对东莞制造业产业内贸易比较优势的要素禀赋特征进行了分析，结果表明，东莞制造业产业内贸易活动主要发生在资本相对密集的行业；外资对制造业产业内贸易的影响是正的，且关系较为显著；东莞制造业产业内贸易主要以垂直型贸易为主。

第三章从投入产出角度对东莞制造业进行了研究。为了有重点地对东莞制造业进行研究。本章首先在产业关联理论的指导下，利用东莞制造业的产业份额、增加值率等八个指标构建产业选择判断矩阵，并选择出东莞十大支柱性产业。然后以十大支柱产业为例，利用投入产出分析法从产业投入、产业产出等几个方面对东莞制造业产业结构进行了分析，并与苏州进行对比，结果发现东莞十大支柱性产业具有非常强的比较优势；制造业劳动者报酬多为外国人赚取，国家税收较少，转型升级迫在眉睫；与苏州相比，东莞十大支柱性产业投入产出效率不高。最后，本章分析了东莞十大支柱性产业的产业关联度，结果表明，东莞十大支柱性产业关联度较高，具有强辐射强约束性质，但是转型升级势在必行。

第四章则主要从产业间和产业内以及投入产出等方面论述了东莞制造业比较优势及产业转型升级。本章首先分析了东莞制造业比较优势、资本积累与产业转型的关系，认为劳动要素是东莞制造业产业比较优势形成的基础，资本积累则是充当了比较优势和产业升级的桥梁。资本积累的不断加深是产业间和产业内比较优势不断加大的结果，为产业转型升级提供了推动力。本书认为，资本积累对东莞制造业产业间升级具有非常大的作用。本章利用 1990—2013 年的数据分析了资本积累与东莞制造业产值之间的关系，发现东莞资本的产出弹性近似等于常数 1，这也就是表明资本积累能够以不变的边际报酬增加，而这一报酬刺激也将会反过来确保资本积累持续进行下去，这种良性循环就是资本积累的最大动因。同时，本章还证实资本积累不论是对资本密集型产业还是对劳动密集型行业都具有推动作用，只不过对资本密集型产业的推动作用更大一些。本书还认为，资本积累对东莞制造业产业内升级具有明显作用。2000—2013 年东莞制造业总资本劳动比例关系变化情况表明，除了 2004—2005 年和 2007—2008 年外，东莞制造业中产业内变化都是正的，而且变化值相对都很大，这表明东莞制造业各个产业变得更加资本密集，资本积累在东莞制造业各行业内占据了主导地位。同时，2000—2013 年东莞制造业总资本劳动比例中，除了 2001—2002 年、2003—2004 年以及 2007—2008 年外，东莞制造业中产业间的变化也是正的，表明了资本密集型产业的份额一直在上升。但是也要看到，产业间变化虽然绝大多数为正数，但是变动数值较小，也表明了东莞制造业各产业虽然资本密集程度在上升，但是制造业仍然是以劳动密集型产业为主。

第五章主要探讨了东莞制造业产业转型升级的对策和建议。本章分析了东莞制造业产业升级的现状及采取的措施。东莞市政府在统一思想后推进了四类试点工作、制定完善“1 +26”政策体系、出台了“6 个 10 亿元”帮助扶持措施、搭建了政府服务平台、科技提升平台和市场拓展平台三大服务平台、重点做好了三大关键工作。通过了上述措施，东莞制造业产业转型升级取得了一定的效果，制造业结构逐步优化。本章还分析了东莞分制造业转型升级存在的机遇和挑战。机遇表现在：市场机制运行良好为东莞产业转型提供了良好的制度保证；区位优势为制造业转型升级提供了重要支撑；产业集聚为制造业产业转型升级提供了技术条件；熟练劳动力、资金等生产要素资源为制造业产业转型升级提供了重要保障。挑战主要有：土地资源供给相对紧张制约产业转型升级的发展；劳动力整体素质偏低，制约产业进一步转型升级；自主技术、核心技术缺乏使得产业转型升级存在瓶颈；金融制度创新滞后进一步阻碍了东莞制造业产业转型升级。本书分析了东莞制造业转型升级的路径：产出的增加通过储蓄使得企业资本积累不断增加，这种资本积累使得一国或地区比较优势发生改变，从而导致产业结构转型升级，升级后的产业会生产出更多的产出，从而进一步增加资本积累，进一步强化比较优势，从而促进更深化的产业转型和升级。最后，对东莞制造业升级提出了建议和对策。进一步完善政府职能转变是东莞制造业实现产业转型的前提；改善物质资本和人力资本积累状况，进一步改善各行业比较优势；在原有比较优势的基础上，改造传统制造业，发展先进制造业。

四、研究创新

充分吸收相关文献的精华后，本书研究试图从以下几个方面有所突破：

第一，本书将比较优势以及产业转型升级理论首次运用到东莞制造业各行业中，并利用格兰杰因果检验、协整分析等计量经济手段证明了东莞制造业产业资本积累在 1990—2013 年以近似不变的边际报酬递增，这在很大程度上支持了东莞制造业的转型升级。

第二，本书利用东莞 2005—2013 年 26 个制造业面板数据，以及 Uncomtrade数据库检索出来的最高至 SITC（Rev. 3）四位数分类基础上的万余进出口数据，计算出了东莞 26 个制造业产业的比较优势指标。并根据该指标与东莞资本状况、劳动力状况建立了一个符合东莞加工贸易的价值方程以检验东莞制造业产业间比较优势要素禀赋的特征，为东莞制造业产业转型升级提供了理论基础。

第三，本书利用 Batista 和 Potin（2007）的分析方法来研究东莞制造业 2000—2013 年资本劳动比在行业内和行业间的变化情况。结果表明东莞制造业各行业虽然资本密集程度在上升，但是制造业仍然是以劳动密集型行业为主，同时，东莞制造业各个产业变得更加资本密集，资本积累在东莞制造业各产业内占据了主导地位，这就为东莞制造业产业转型升级提供了前提和基础。

五、几点说明

第一，由于东莞制造业的发展速度相对较快，但是与之相适应的统计口径一直在变化，使得我们在研究的过程中发现，一些数据 2005 年前是没有统计记录的，因此，导致本书在分析东莞制造业产业间比较优势的时候只能使用 2005—2013 年的数据进行分析。我们深知这几年的数据对于分析制造业的产业转型升级是不够的，不过考虑到方法的选择以及未来研究的意义，笔者深信本书的研究至少可以为将来的进一步分析提供一种可以选择的分析方法。

第二，本书在研究过程中将产业的转型和升级合并在一起表述，应该说转型和升级在某些时候可能具有不同的含义，但是笔者认为这两个概念都表明产业结构的调整，基本意思还是相同的，相信这样使用不会影响读者对有关问题的理解。

第三，对于资本积累，一般情况下应该包括物质资本积累和人力资本积累。但是考虑到人力资本积累数据获取的困难性，笔者并没有详细地将两者区别开来，但是实际上人力资本积累在很大程度上可能对于比较优势的进一步改善以及产业结构转型升级起到的作用更大，这也为笔者的下一步研究指明了方向。

第一章　比较优势、产业关联度及产业转型升级文献研究

比较优势理论是国际贸易理论中的经典理论，作为研究国际贸易和国际分工的核心理论体系，它在指导各国产品进出口以及解释产业调整和升级方面具有非常重要的作用。比较优势理论产生于封闭条件下的国家间相对价格的互不相同，正是这种相对价格的互不相同，使得追求利益最大化的企业和厂商往往试图通过生产比较优势来获利。而在开放经济条件下，一国通过比较优势参与国际分工，将会面临着与封闭经济完全不同的相对价格，这就要求消费者和生产者必须重新调整各自的消费结构和产业结构，由此产生产业结构的调整和转型。因此，可以看出比较优势的演进与产业结构的转型升级有着密切的联系。本章主要针对传统封闭条件下和开放经济条件下各种不同类型国际分工条件下的比较优势与产业转型升级文献进行梳理。

本章大体结构如下：第一节主要针对静态比较优势理论及产业转型升级进行研究；第二节主要针对动态比较优势理论及其产业转型升级进行探析；第三节主要针对内生动态比较优势理论及产业转型升级进行研究；第四节则分析了投入产出理论及产业转型升级。

第一节　静态比较优势理论与产业转型升级研究

传统经济条件下的静态比较优势理论的代表性人物主要有亚当·斯密、大卫·李嘉图以及赫克歇尔和俄林。他们分别创立了绝对优势理论、比较优势理论和要素禀赋理论。

一、静态比较优势理论

（一）亚当·斯密的绝对优势理论

亚当·斯密是在批判和继承重商主义的基本原理的基础上提出绝对优势理论的。众所周知，重商主义强调财富来源于流通领域，主张国家保护贸易政策。斯密则认为，财富来源于生产领域，一国增加财富的方法是增加资本，提高劳动生产率以发展生产，而分工可以极大地提高劳动生产率。他认为力图通过贸易顺差来增加本国金银拥有量是徒劳的，因此，他极力反对政府实行贸易保护主义政策，主张通过自由贸易来扩大对外贸易。在这个背景下，他提出了绝对优势理论。

绝对优势理论又叫作绝对成本理论。斯密认为，绝对优势是指某国在某种产品的生产上所花费的成本绝对地低于他国。如果该国已经拥有这种绝对优势，它就应该充分利用这种优势，发展某种产品的生产，并且出口这种产品，以换回其他国在生产上占有绝对优势的产品，这样的贸易对交易两国都是非常有利的。斯密就英法两国在生铁和小麦的生产中如何利用绝对优势进行贸易做了实证分析。他认为，英国在生产生铁方面具有绝对优势，而法国在生产小麦方面具有绝对优势，这样，英国应该尽可能多地生产生铁，减少本国小麦的生产，然后将生铁出口到法国，换取法国的小麦，这样两国都能够从贸易中获得好处。

应该说，斯密的以绝对优势理论为基础的自由贸易论对于当时英国工业资产阶级反对封建残余、发展资本主义是非常有利的，他提出的各国应该根据各自的优势进行国际分工，通过国际贸易获得利益也是正确的。但是这一理论最大的局限就是它强调了只有具有绝对优势产品的国家才能通过国际分工和国际贸易获得比较优势，而实际上，很多国家可能在任何产品的生产中都不具有绝对优势。如果按照斯密的理论，这些国家就不能通过参与国际分工来获利，这是与现实情况是不符的！斯密的这个缺陷被大卫·李嘉图的比较优势理论弥补了。

（二）李嘉图的比较优势理论

大卫·李嘉图是在全面继承斯密的经济思想的基础上提出比较优势理论的。他赞成斯密关于国际分工可以提高一国劳动生产率的思想，但是他对斯密的绝对优势理论进行了补充和修正。他认为，一国不仅能以具有绝对优势的产品参与国际分工，而且还能够以相对优势的产品参与国际分工，获取利益。

李嘉图认可斯密的绝对优势理论，他认为一国如果有绝对优势的产品，当然要充分利用这一优势开展国际贸易，参与国际分工。但是如果该国在所有产品上都没有绝对优势，只要它与其他国家相比，生产各种产品的相对成本不同，那么该国仍然可以通过生产相对成本较低的产品并出口来换取它生产中相对成本较高的产品以获利。这就是比较优势理论。

李嘉图在其代表作《政治经济学及税赋原理》中使用了一个通俗的例子来说明比较优势理论，他说；“如果两个人都能制鞋和帽，其中一个人在两种职业上都比另一个人强些，不过制帽时只强 1/5 或者 20%，而制鞋时则强 1/3 或者 33%，那么这个较强的人专门制鞋，而那个较差的人专门制帽，岂不是对双方都有利?[①]”李嘉图还将这个例子推及到国家，认为国家间如果按照上述个人间的分工进行国际分工，也能够使得双方获得利益。

应该说，比较优势理论在更广泛的范围内推动了国际贸易和国际分工的发展，这一理论在今天也被看作是决定国际贸易格局的基本规律。但是也应该看到这一理论很多程度属于发达国家的理论，经济发达国家由于劳动生产率较高，在国际贸易中获取利益较多，而发展中国家劳动生产率较低，在国际贸易中获利就会较少。

（三）赫克歇尔和俄林的要素禀赋理论

赫克歇尔和俄林的要素禀赋理论（即 Heckscher-Ohlin 模型，简称H-O模型）是从新古典分析角度出发，进一步发展了比较优势理论。这一理论主要是用生产要素的丰缺解释国际贸易产生的原因和商品流向，因此，该模型认为国际分工的基础和国际贸易形成的主要原因是国与国之间要素禀赋差异。该理论认为，由于各国要素禀赋状况（或资源丰缺状况）存在不同，因此不同产品的成本就可能不一样，从而产生比较优势，这就是国际分工和贸易的基础。H-O 模型详细解释了各国在国际分工中的行为：在国际分工和国际贸易中，不同的国家可以根据要素禀赋不同决定的比较优势进行分工和调整生产结构，每个国家应该生产和出口本国充裕的产品，进口本国稀缺的产品。这样可以以获得两方面的好处：一方面，各国由于参与了国际分工和国际贸易从而获取比较优势，另一方面，各国的生产要素价格会由于国际贸易而变得均等化。同时，H-O模型还强调了要素禀赋对一国产业结构和贸易结构的决定具有非常重要作用。该理论认为，如果一国劳动要素充裕，其产业结构应该主要以劳

① 李嘉图：《政治经济学及税赋原理》，商务印书馆 1976 年版，第 114 页。

动密集型行业为主，出口结构也会相应地反映出该国在劳动密集型行业具有比较优势。而一国如果资本要素比较充裕，那么其产业结构就应该以资本密集型为主，出口的结构也应该反映出该国在资本密集型行业上的比较优势。

应该说，H-O 模型更接近国际贸易的现实，它坚持了比较优势理论的正确思想，同时对各国外贸政策的制定具有一定的指导意义。但是这一理论也具有一定的局限性，主要表现在这一理论建立在一系列不存在的假定基础上，其分析国际贸易产生的原因时，只强调了各国国家生产要素禀赋的差异，忽略了“市场扩张”的因素，而后者正是当前发达国家参与国际贸易的主要原因之一。

二、静态比较优势理论下的产业转型升级分析

对于以静态比较优势理论形成的贸易结构及其产业转型，我们用以下例子来加以说明。

假定有 A、B 两个国家，它们分别生产 X、Y 两种商品，分别用 L_A^X、L_A^Y 和 L_B^X、L_B^Y 代表两国 X 产品与 Y 产品的要素生产率，它表示在单位时间内，两个国家生产两种商品的产量或者是两国两种单位产品所需要的劳动时间。如果有：

$$\frac{L_A^X}{L_B^X} > \frac{L_A^Y}{L_B^Y} \tag{1.1}$$

我们就可以说，A 国在生产 X 商品上具有比较优势，而 B 国在生产 Y 产品上就有比较优势。因此，A 国应该大量出口商品 X，从 B 国进口商品 Y，B 国正好相反。

当然，我们也可以把条件放宽到 A、B 两国生产 n 种不同的商品，那么比较优势链条就可以表示成：

$$\frac{L_A^1}{L_B^1} > \frac{L_A^2}{L_B^2} > \frac{L_A^3}{L_B^3} \cdots\cdots\cdots\cdots > \frac{L_A^n}{L_B^n} \tag{1.2}$$

我们可以用图 1. 1 来说明式（1. 2）的情况。

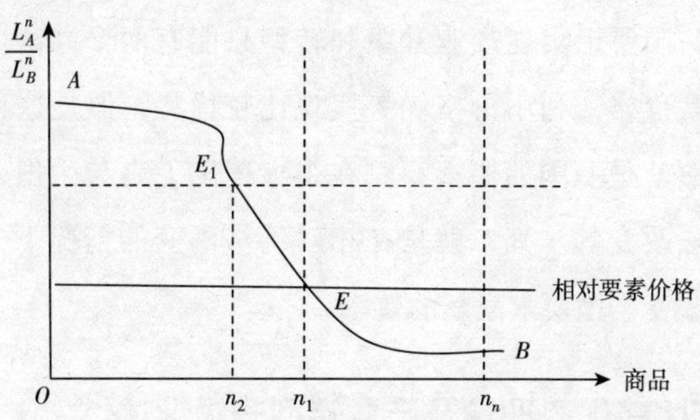

图 1. 1　相对要素劳动生产率优势与贸易结构

在图 1. 1 中，横轴表示不同种类的商品 n（可以考虑经过指数化），纵轴表示两国要素劳动生产率之比，向右下方倾斜的 AB 曲线表示两国要素生产率之比的变动情况轨迹，它表明越是接近原点 0 的商品，两国的要素生产率之比就越高，这时候，A 国就具有比较优势，出口该类商品的可能性就越大。反之，越接近 n 点的商品，两国要素生产率之比就越低，此时，B 国的比较优势就会不断地变大，对于 B 国来说，出口这类商品的可能性也越大。从图中我们可以看到，两国的相对要素价格是决定两国是否从比较优势过渡到比较劣势的关键所在。

（1）当两国的相对要素价格为 E 时，临界点为 n_1，在 n_1 左边的所有产品，两国的相对要素生产率高于其相对要素价格之比，因而 A 国具有比较优势，是出口国。

（2）在 n_1 右边的所有商品，两国的相对要素生产率低于其相对要素价格之比，这样 A 国就具有比较劣势，只能是进口国。

（3）如果 A、B 两国的相对要素价格变成为 E_1，这时临界点变成为 n_2，结果则是 A 国具有比较优势出口的商品区间变小了，相反，B 国具有比较优势而出口的商品区间扩大了。

从上图的分析中，我们可以看到，静态比较优势理论认为，两国相对要素价格和要素生产率是决定一国能够从比较劣势过渡到比较优势的关键。因此，一国要想实现产业升级和转型只能有两个办法，其一是降低本国相对要素价格，利用价格优势实现比较优势，但是这种方法有一个非常大的弊端就是一国的要素禀赋在很大程度上是与生俱来的，在很短时间内是无法改变的。其二就是在相对价格不变的情况下，提高本国要素生产率，改变本国要素禀赋的效率。

三、静态比较优势理论及产业转型升级评述

无论是李嘉图的比较优势理论，还是 H-O 模型中的要素禀赋理论，都假定生产成本是决定产品价格的唯一因素，因此，产品的比较优势在很大程度上就是产品的比较成本优势，这些理论最大的特点就是忽略了需求因素，是纯供给或纯生产的理论概念。这就决定了比较优势理论具有一系列的问题。

第一，静态比较优势理论的假设与现实经济情况不符。无论是李嘉图比较优势理论还是赫克歇尔—俄林的要素禀赋理论都存在着许多的假设条件，其中核心的是完全竞争市场假设。众所周知，市场经济是不完全竞争的，传统的古典国际贸易理论模型的缺陷日益突出，例如，产品同质性与消费者无偏性假设决定了产品的比较优势仅仅取决于其相对价格优势，但现实经济中产品是异质的，很多产品由于品牌问题、质量问题等存在消费者偏好，那么，具有价格优势的产品在现实市场条件下并不一定具有比较优势。

第二，静态比较优势理论无法解释当前贸易格局的动态变化。在李嘉图比较成本优势理论中假定各国的要素禀赋相同，而劳动生产率存在差异。这样在他们的理论中不同产品的劳动生产率的差异决定了各国各自的比较优势及其贸易结构，从而决定了国际分工与贸易的格局，但是

各国劳动生产率的差异是外部给定的，也是静止不变的。要素禀赋理论则在李嘉图理论的基础上进一步假定各国的劳动生产率是相同的，不同的是各国的要素禀赋。要素察赋的不同决定了各国各自在不同产品上的比较优势及贸易模式，从而决定了国际分工与贸易的格局，但是，各国的要素禀赋的不同是由于自然的历史的因素形成的，因而在短时间内也是难以改变的。总之，无论是李嘉图理论还是赫克歇尔—俄林模型，其比较优势都是一种静态的比较优势，这些理论主要是为了从国际贸易角度说明经济增长，即在某种经济环境下，一国一定的贸易模式与贸易格局如何影响了该国产出效率与福利水平，这就决定了这些理论很难说明比较优势及由此所决定的对外贸易模式与国际贸易格局是如何演变的。

第二节　动态比较优势理论与产业转型升级研究

上述传统经济条件下的比较优势理论是将国际分工以及国际贸易的原因归结到外部条件，因此属于静态分析的范畴。作为国际分工和国际贸易理论的核心，比较优势理论目前已经从静态分析发展到了动态分析，一国的产业转型也随着比较优势的动态变化而悄然进行。文献中使用动态比较优势概念比较多，但是典型的主要有在动态贸易模型中解释比较优势随时间变化而发生的动态演进，而产业转型也是跟随比较优势的动态演进而自然进行调整的。

一、动态比较优势理论

动态比较优势理论在很大程度上是对静态比较优势理论的引申和发展。一般人认为，对动态比较优势理论的现代研究始于 20 世纪 50 年代。希克斯（J. Ricks，1953）在名著《关于长期美元问题的讲演》中对不同部门的劳动生产率增长或技术进步的差异对贸易的影响进行了精辟的阐述。随后，享利·约翰逊（Harry G. Johnson，1959）使用一般均衡分析，重点考察了经济增长对贸易条件的可能影响。同一时期，罗布津斯基（Rybczynski，1955）提出了著名的罗布津斯基定律，证明了在商品价格不发生变化的条件下，生产要素的增长将导致一个部门的产出绝对地增加而另一个部门的产出绝对地减少。保罗·萨缪尔森（P. Samuelsson，1959）和巴辛尼蒂（P. Pasinitti，1960）分别对李嘉图的贸易与增长理论进行了系统的科学表述，构建了李嘉图的动态贸易模型。20 世纪 60 年代以后，动态比较优势理论得到了进一步的发展。奥尼奇和尤加瓦（Oniki. Handuzawa. H，1965）、罗纳德·芬德雷（Ronald. Findlay，1970）、杰克迪什·巴格瓦蒂（Jagdish Bhagawati，1964）和陈志齐（ZhiQi Chen，1992）等经济学家从不同的角度对长期中比较优势变化的决定因素及贸易结构变动进行了有益的探索。应该说，尽管动态比较优势理论内涵十分丰富，著作也非常多，但最基本上都是围绕着长期动态比较优势变化的决定因素及福利影响，具体点说就是要素积累和技术进步如何影响了比较优势的动态变化。为了更好地说明动态比较优势理论，我们选取了索洛模型下的 Findlay 扩展进行详细说明。

芬德莱（Findlay）扩展是以“外汇”生产函数（foreign exchange production function）[①] 为基础，利用开放经济条件下的索洛模型，将生产函数中的单一商品表示方法扩展到多种产品，并结合罗伯津斯基（Rybczynski）定理，来动态地分析比较优势和产业结构的变动状况的。为了更好的说明这一模型，我们先从索洛模型开始分析。

① Findlay, R., *International Trade and Development Theory*, New York: Columbia University Press, 1973, p. 105.

（一）索洛模型

索洛模型[①]是新古典增长理论的核心，是几乎所有增长问题研究的出发点。索洛模型包括四个变量：产量（Y）、资本（K）、劳动（L）和“知识”或“劳动的有效性”（A）。其生产函数形式如下：

$$Y(t) = F(K(t), A(t), L(t)) \tag{1.3}$$

该函数具有两个特点：首先是时间通过 K，L 和 A 进入生产函数，也就是说，仅在生产投入变化时，产量才随着时间变化。其次，知识 A 和劳动 L 以相乘的形式进入。其中 AL 被称为有效劳动，当知识 A 和劳动 L 以这种形式引入的技术进步被叫做哈罗德中性或劳动增进型。

假定该生产函数对于其两个自变量资本和有效劳动是规模报酬不变的[②]，即

$$F(cK, cAL) = cF(K, AL)，对于所有的 c \geqslant 0 \tag{1.4}$$

规模报酬不变假定可以使用密集形式的生产函数。令 $c = 1/AL$，那么方程（1.4）可以变形为：

$$F\left(\frac{K}{AL}, 1\right) = \frac{1}{AL}F(K, AL) = \frac{Y}{AL} \tag{1.5}$$

其中，$\frac{K}{AL}$表示每单位有效劳动的平均资本数量，$\frac{Y}{AL}$表示每单位有效劳动的平均产量，假定 $k = \frac{K}{AL}$，$y = \frac{Y}{AL}$，$f(k) = F(k, 1)$。那么，方程（1.4）就可以写成：

$$y = f(k) \tag{1.6}$$

假定方程（1.6）满足以下条件：$f(0) = 0$，$f(k) > 0$，$f(k) < 0$，即

① 索洛模型又称索洛—斯旺模型，它是由罗伯特·索洛（Solow，1956）和 T. W. 斯旺（Swan，1956）提出。

② 规模报酬不变表明：（1）经济足够大，从而专业化中可得的收益已被穷尽。（2）资本、劳动和知识以外的投入品是相对不重要，因此，土地和其他自然资源被忽略掉了。

资本的边际产品是正的，但是随着每单位有效劳动的平均资本的增加而递减；$f(k)$ 满足稻田条件①。表明，当资本存量足够小时，资本的边际产品很大；而当资本存量变得很大时，资本的边际产品变得很小。

那么，对方程（1.6）求关于资本 K 的导数，则有

$$\frac{\partial F(KAL)}{\partial K} = ALf\left(\frac{K}{AL}\right)\frac{1}{AL} = f(k) \tag{1.7}$$

这样的话，经济增长的稳态条件可以用下式表示：

$$f(k^*(t)) = (n+g+\delta)k^*(t) \tag{1.8}$$

其中，s 为储蓄率，n 为劳动增长率，g 为技术进步率，δ 为资本折旧率。

对索洛模型的稳态条件分析可知，无论经济的初始状态怎么样，经济总会收敛到 k^* 所处在的稳态位置上。当 $k=k^*$ 的稳态条件成立时，劳动与知识的增长率分别为 n 和 g，资本存量 K 的增长率将会是 $n+g$，产出 Y 的增长率也是 $n+g$，人均资本 K/L 和人均产出 Y/L 的增长率都是 g，此时，经济运行在平衡增长路径上。

（二）索洛模型在开放条件下的芬德莱（Findlay）扩展

在索洛模型的基础上，芬德莱（Findlay）设定一些假定条件，并引入了外汇生产函数。

假定条件是：假定某国可以使用资本和劳动生产任何数量的产品；同时，规模报酬是不变的；最后，该国所有产品的相对价格都由世界市场决定。

外汇生产函数是在规模报酬不变同时相对价格既定的情况下，采用

① 稻田条件（Inada，1964）指的是某种新古典生产函数，满足：$f(0)=0$，一阶导数大于0，二阶导数小于0，另外，当生产要素投入趋于0时，一阶导数的极限无穷大，当生产要素的投入趋于无穷大时，一阶导数的极限等于0。即满足：$\lim_{k\to 0} f(k)=\infty$，$\lim_{k\to\infty} f(k)=0$。稻田条件的作用保证经济的路径不会发散。

世界市场价格下一系列具有相同价值产品的等产量线的包络线构造的复合生产函数。如果一国资本劳动比例在相关范围内，在包络线上的产品是有效率的，在给定技术和相对价格下，其他产品不具有效率。“外汇”生产函数与索洛模型的单一产品的生产函数相比最大的不同就是：不同的要素比率下，生产函数会生产不同的产品。如果有 N 个产品被生产，在“外汇”等产量线上就相应地有 $N-1$ 个线性部分。与每一部分对应的资本劳动比率使得生产两种产品的组合是有效率的，两种产品各自的等产量线决定线性部分的端点。具体情况如图 1.2 所示。

在图 1.2 中，$y=f(k)$ 是以人均资本作为自变量的外汇生产函数，资本广化直线 nk 与储蓄函数 $sy=sf(k)$ 相交，由此决定长期均衡的资本/劳动比率 k^*。如果满足稳态条件 $sf(k)<n$，任意的 k_0 将随着时间的推移而收敛到 k^*。长期均衡资本/劳动比率 k 与边际储蓄倾向成正比，与劳动力的增长率负相关。

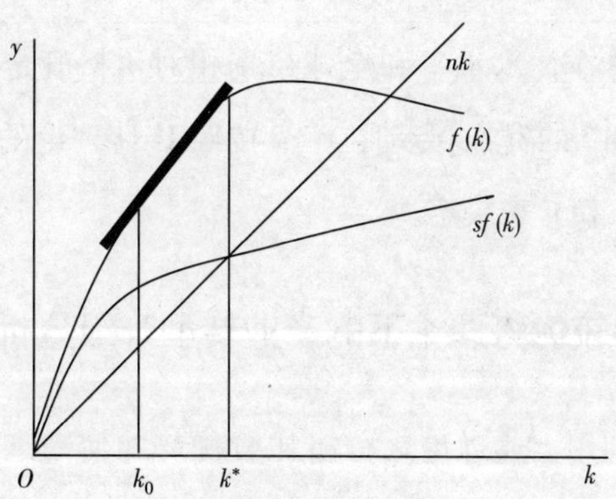

图 1.2 索洛模型芬德莱（Findlay）扩展

芬德莱（Findlay，1973）建立的外汇生产函数最大特点就是人均资本形式的生产函数曲线中有一段是线性的，如图 1.2 所示，在索洛模型中，这部分线性线段的斜率是常数，表示资本的边际产量是常量。当我们假定产品的全球市场相对价格是给定的，根据要素价格非敏感性定理①，这时，要素不论是相对报酬还是绝对报酬都是不变的，因此，对应着的这部分线段就是线性的。该线性部分存在的好处是确保了在既定的资本/劳动比例下，该国可以生产分别用于贸易的进出口两种产品。在到达稳态之前，该国的资本/劳动比可能会逐渐提高，产品的资本密集程度也会不断地上升，这个时候，产业结构将会发生改变，从劳动密集型为主转变为资本密集型为主。

我们就可以用上述模型解释资本劳动比例变化导致的比较优势演进过程。假定初始商品生产是在资本/劳动比 k_0 处进行的，随着资本劳动比率 k 的不断地增加，最开始的产品会停止生产，取而代之的是生产新的产品。同样，这些新产品终将也会由于资本劳动比率的改变而被停止生产，最终经济将会在长期的比较优势生产位置上停留，对应的资本/劳动比率为 k^*，k^* 值满足：

$$sf(k) = nk$$

这种情况下，在技术水平和全球市场相对价格既定的条件下，暂时的比较优势由时间 t 的资本/劳动比率 k 按照 H-O 理论的方式来决定，长期比较优势则由 s 和 n 来决定。

二、动态比较优势理论下的产业转型升级分析

下面，我们利用上述理论来分析比较优势如何动态演变及其产业如何转型升级。

假定 A、B 两个国家，分别使用两种要素（资本 K 和劳动 L）生产两

---

① 要素价格非教感性定理：在两种产品都生产、不存在要素密集度逆转的条件下，任一产品价格向量（$p1$，$p2$）都与唯一的要素价格（w，r）相对应。该定理意味着，在 2×2 经济模型中，一旦给定产品的相对价格 p，资本或劳动要素的数量有可能在不影响要素价格的情况下发生变化。

种不同的产品（1、2），产品 1 是劳动密集型产品，产品 2 是资本密集型产品。假定两国的储蓄率 s、人口增长率 n、资本折旧率 δ、技术进步率 g 相同，这就意味着两国到达稳态时的状况是相同。同时，我们假定两国的初始状况不同，在到达稳态之前的初始时间 t_0，A 国是劳动丰富的国家，B 国是资本丰富的国家，即 $k_A < K_B$。这样，根据 Heckscher-Ohlin 定理，A 国在生产产品 1 上具有比较优势，B 国在生产产品 2 上具有比较优势，两个国应该按照各自的比较优势生产相应的产品进行贸易活动。

在两国的初始位置上，两国均处于资本深化阶段，即，加上直线生产函数部分所表示的不变的资本实际报酬，两国资本积累会持续进行下去，这个时候，资本劳动比 k 值将会不断地提高。

由于全球市场决定的相对价格保持不变，根据罗伯津斯基（Rybczynski）定理，随着资本劳动比值 k 不断提高，两国生产的产品 1 的产量将会绝对下降，而产品 2 的产量将会绝对上升。这时候，由于产品 2 绝对产量的上升，产品 1 的绝对产量下降，使达到均衡时产品 1 的世界相对价格会上升，产品 2 的世界相对价格会下降，两产品生产中的资本/劳动比率 k 会得以增加。虽然两种产品要素密集度没有发生改变，但是两国的生产结构已经改变。

在资本深化过程中，如果 $k_A < K_B$ 不变，那么，两国的分工模式将不会改变，但两国生产产品的资本劳动比率已升高，产业结构改善了。如果 k_A 最终超过了 k_B，那么，两国的比较优势将会发生逆转，A 国将从生产劳动密集型产品转为生产资本密集型产品，B 国则相反。从这一角度而言，两国资本积累的相对速度决定了本国的比较优势地位和产业结构状况是否最终发生逆转。这样的话，资本积累及其速度在改变一国比较优势和产业结构中的地位至关重要。

三、动态比较优势理论及产业转型升级评述

动态比较优势理论最大的特点就是将增长理论引入贸易模式的研究，

该理论考察了随着经济增长，比较优势的动态发展变化引起的贸易模式的改变及其产出效应和福利影响，并揭示在经济增长的过程中受要素积累和技术进步的影响，一国比较优势动态变化的决定因素及内在机制。该理论表明，动态比较优势的变化主要取决于两个因素：要素变动和技术变动。如果可以将技术变动引起的要素变动的相对调整也纳入要素变动的分析中，动态比较优势理论则强调要素积累的变动是改变一国比较优势状况进而改变该国产业结构的重要因素，无疑这是正确的，这也是本书坚持的观点。

但是动态比较优势理论却将引起这些变动的要素禀赋变动，特别是技术变动外生化了。这样，在动态比较优势理论中，发展中国家的技术进步仅仅表现为接受发达国家的技术转移以及模仿发达国家技术，国家政策也只是通过进口替代、出口补贴及幼稚产业扶持来实现对贸易结构的影响。动态比较优势理论没有抓住技术进步的根本所在。这样的话，发展中国家就很难有效缩短与发达国家的技术上差距或者扭转由于技术因素决定的比较优势。当然，我们不否认接受发达国家的技术转移和对其先进技术的模仿对发展中国家的重要性，但发展中国家的技术进步应该主要靠其内部的 R&D、分工和专业化及有效的技术创新制度保护等。也就是说，所有这些从根本上讲应体现在促进技术内生方面。动态优势理论外生化技术进步的思想无疑是需要改进的，技术进步在这个层面上应该内生化，内生动态比较优势理论应允而生。

第三节　内生动态比较优势理论与产业转型升级研究

动态比较优势理论将影响要素积累的技术进步外生化了，内生动态比较优势理论则弥补了这一缺点，内生比较优势理论旨在揭示比较优势变迁与内生技术进步之间的互动关系、考察连续时间内比较优势的内在决定因素及其演化机制。内生比较优势理论的代表主要有：

一、内生动态比较优势理论

传统的动态比较优势理论不仅仅将技术内生化，而且仅仅将物质资本作为唯一的积累要素进行分析，这显然是有问题的。下面，我们以邦德、特拉斯克和王萍（Bond、Trask 和 Ping Wang，2003）模型作为内生动态比较优势理论的代表进行分析。

邦德、特拉斯克和王萍（Bond、Trask 和 Ping Wang，2003）模型的最大特点就是将人力资本要素引入分析框架，试图通过将人力资本和物质资本相互作用，来分析贸易模式的决定因素。他们认为，资本劳动比率在长期内是不确定的，因此，一国初始条件下的比较优势在长期内是可以改变的。这在很大程度上为发展中国家实现赶超发达国家提供了可能的机会。

模型首先将 H-O 定理分为静态 H-O 定理和动态 H-O 定理。他们认为，（令 $K_i(t) = \dfrac{K_i(t)}{h}$ 表示在时间 t 国家 i 的物质资本与人力资本比率，其中，$i = A$、B）静态 H-O 定理可以按照如下方式表述：当 $K_A(t) > K_B(t)$，在自由贸易下，A 国在时间 t 内将会出口物质资本密集型产品；在封闭条件下 A 国物质资本密集型产品的价格变得很低，由此导致的物质资本的报酬也会变得很低。

动态 H-O 定理可以表述为：

如果 $K_A(t) > K_B(t)$，则在 $t' > t$ 时，$K_A(t) > K_B(t')$，物质资本充裕的国家将会以出口物质资本密集型产品为主，而人力资本密集型产品将不会被出口。

模型假定社会上存在三个部门：投资品部门 I、教育部门 E 和消费品

部门 C。并且所有这些部门的生产规模报酬不变，产品市场和要素市场也都是完全竞争的，这三个部门的生产函数可以表示如下：

$$I = F(\alpha_I k \beta_I h) = \beta_I h f(k_I) \tag{1.9}$$

$$E = G(\alpha_E k \beta_E h) = \beta_E h g(k_E) \tag{1.10}$$

$$C = J(\alpha_C \beta_C h) = \beta_C h f(k_C) \tag{1.11}$$

其中，α_i 和 β_i 分别表示 i 部门使用的物质资本和人力资本份额，$k_i = \frac{(\alpha_i k)}{(\beta_i h)}$ 表示 i 部门物质资本对人力资本的比率，其中 $i = I$、E、C，并假定每单位人力资本的产出函数 f、g、j 是严格的增函数和严格的凹函数。

在给出了三个部门的生产函数后，邦德等人从物质资本和人力资本的积累率、资源的约束条件、代表性消费者效用最大化、零利润和跨期无套利条件及最优消费路径、在时间 t 按照财富边际消费倾向进行的消费者家庭消费函数以及沿最优路径的财富增长率等六个方面提出了约束条件。

在满足六个约束条件下，邦德等推导出三个部门生产函数的平衡增长路径，他们证明，这三个部门在同一比率上增长的平衡路径不仅是存在的而且是唯一的。此时，人力资本丰富的国家进口物质资本密集型产品，而物质资本丰富的国家进口人力资本密集型产品，静态 H-O 定理成立。

同时，他们也证明，在非平衡增长路径下，H-O 定理可能是失效的。这是因为在非平衡增长路径下，国家间人力资本积累率的不同可能会导致以人力资本积累净额衡量的国家间的要素富裕程度与以“毛”要素富裕程度衡量的国家间的要素富裕程度不同，但是贸易模式是由前者决定的。具体说来，在非平衡增长路径下，人力资本增长率的变化可能会改变为生产贸易品而使用的物质资本的相对供给，由于教育品只能是在国内生产。在 $v_h^i(t) > v^*$ 且 $k_E^* > k_I^*$ 的情况下，相对较多的物质资本将会从贸易品部门流向非贸易品部门以此来满足人力资本的高速增长。这样的话，当用“毛要素禀赋（gross factor endowment）”来衡量，相对于世界其他国家，国家 i 就是物质资本丰富的国家，但使用“净要素禀赋（net factor endowment）”来衡量，该国却是人力资本丰富的国家。由此，该国将主要进口物质资本密集型产品，动态 H-O 定理就不成立了。

上述关于静态 H-O 定理说明了一国初始要素察赋与该国贸易模式的长期关系。如果在时间 t 内，经济在平衡增长路径上运行，该国的相对要素充裕程度不变，该国的贸易模式在时间 t 内就符合静态 H-O 定理，此时，动态 H-O 定理也成立。但是不能排除另外一种可能，当该国经济在非平衡增长路径上运行，该国人力资本可能较物质资本更为丰富，此时的贸易模式与初始要素察赋就不存在长期必然关系了。此时，动态 H-O 定理失效。

上述内生动态增长理论表明，在经济处于非稳态增长中，正处于不断发展中的国家在经济增长的稳态尚未到来之前，其实际投资将会持续大于持平投资，因此，资本积累会不断地改变该国的要素禀赋状况，从而不断地改善该国的比较优势并影响该国的产业结构状况。因此，相对于其他国家，一国的资本积累速度更快时，这就会不断地改善该国在资本密集型产业上的比较优势，从而提高其资本密集型产业的比重，促进其产业结构调整和优化。同时，在全球市场价格不变的情况下，此时的资本的边际产量不会由于资本积累的改变而下降，这将极大地推动该国的资本积累速度，从而加速改善该国的要素禀赋状况。另外，一国不断提高的储蓄率也能够从正面推动该国要素禀赋条件的改善。当然，必须看到，一国比较优势的情况以及产业结构的构成能否最终发生逆转主要还是取决于该国相对于世界其他国家资本积累的速度。因此，资本积累速度的快慢在改变一国比较优势和产业结构中的地位具有至关重要的作用。

二、内生动态比较优势下的产业转型升级分析

（一）内生动态比较优势下的获取产业比较优势分析

作为促进经济增长的重要因素，技术进步可以在保持一国要素总量以及总体要素结构不变的情况下，通过影响各种生产要素的边际生产率来改变该国的资本劳动比，进而进一步影响该国的生产函数，以此来达到改善该国比较优势及外贸结构性变动的目的。现假设有甲、乙两个国家，甲国是发展中国家，其劳动要素相对比较丰富，乙国是发达国家，其资本要素相对比较丰富。两国生产 X、Y 两种产品，产品 X 属于劳动密集型产品，它包括低质品 X_i 和高档品 X_z，产品 Y 为资本密集型产品，它包括低质品 Y_i 与高档品 Y_z。在此，我们可以用资本劳动比作为产品的质量指数（因为生产高档品的资本劳动比率比低质品要高），根据比较优势要素禀赋理论，甲国出口结构应该以大量的低质劳动密集型产品为主，同时附带出口部分低质资本密集型产品；而乙国则应该以出口大量的高档资本密集型产品和高档劳动密集型产品为主，顺带出口部分低质资本密集型产品。这时，如果甲国通过采取一系列措施促进技术进步。那么可以出现以下几种情况：（1）如果这种技术进步发生在甲国具有比较优势的劳动密集型产业，就会产生两种效应：一是劳动生产率得到提高，劳动密集型产业的比较优势得到进一步改善，这时，低质量的劳动密集型产品出口将会迅速增加；二是技术进步提高和更新了劳动密集型产品质量和种类，从而改变了产品的相对价格，这时，甲国将会出口高档劳动密集型产品。(2) 如果技术进步发生在甲国不具有比较优势的资本密集型行业，同时，这种技术进步所导致的全要素生产率的提高，加上该国原本具有的劳动要素禀赋优势，如果能够完全抵消该国资本要素禀赋方面存在的比较劣势，那么，甲国的出口结构将会是以低质资本密集型

产品为主，并顺带出口部分高档的资本密集型产品。(3) 如果在甲国通过技术创新实现了产业化，那么，该国就有可能在这个基础上发展高新技术产品，并大量出口。通过上述分析，我们发现，尽管受 R&D 的投入、人力资本的积累及其他因素的局限，发展中国家短时间内在技术进步和创新方面将会很难在总体上对发达国家形成比较优势，但是不可否认，通过技术进步，发展中国家完全可以在一些领域内获得比较优势。

（二）内生动态比较优势下的比较优势的持续和产业转型分析

一般而言，技术进步将会产生两方面的效果：一是有利于经济快速增长。根据哈罗德“经济增长与国际贸易第一命题”可知，一国对进口品的需求是该国经济增长率的增函数，当其经济增长率比较高时，该国将会出现逆差，进口量将会增加；二是有利于促进生产要素劳动生产率的提高。根据哈罗德“经济增长与国际贸易第二命题”，一个国家的产品国际市场竞争能力与该国出口扩张能力是其要素劳动生产率提高的增函数，当其要素劳动生产率的增长率相对较高时，该国将有逆差倾向，出口量将会增加。所以，在内生比较优势下，一国内生形成的技术进步会促进该国贸易总量的扩张。而贸易总量的扩张有助于该国企业掌控国际市场的信息，引进外国先进技术，接受国外先进技术转移与技术外溢，强化“干中学”效应，实现规模经济，从而极大地推动贸易结构转型升级。

三、内生动态比较优势理论与产业转型升级评述

通过上述的内生动态比较优势的分析，我们发现，发展中国家一般会采取两种方式来发展贸易：第一种方式是通过发挥自身劳动要素禀赋优势，生产并出口大量劳动密集型产品，由于价格相对比较低廉，这样可以获取一定的国际市场份额。但是这种方式将会导致该国的出口贸易

随着时间的流逝日趋萎缩，贸易条件也会全面恶化，并出现贫困化增长的情况；第二种方式是通过贸易保护并实行各种出口补贴，扶植本国资本密集型产业发展并出口相关商品。应该说这种方式是非常有利于发展中国家改善其在国际分工和贸易中的地位的。但是，如果这种方式不是以技术内生进步为基础，本来就缺乏竞争力的本国企业和产品一旦离开政府的保护就很难在市场上立足，而且这种方式会严重扭曲资源配置效率，不利于经济的可持续增长，也很难保障出口贸易的可持续增长。但是，如果这种技术进步是一种内生的技术进步，情况就完全不同了：技术进步既能够通过提高要素劳动生产率，提高产品质量和增加产品的种类，从而进一步改善发展中国家具有传统比较优势的劳动密集型产业的比较优势。同时，也会导致技术替代要素，形成新的经济增长点与出口贸易增长点，从而创造出新的比较优势，并在此基础上实现产业的转型升级。

第四节　产业关联理论

国民经济体系中的任一产业都有自己的投入品和产出品，产业与产业之间是相互关联的，而这些产业的投入品和产出品大都需要其他产业为其提供或使用，否则这些投入品或产出品的存在就没有意义和价值。产业并不是一个单独的经济体，因此不能孤立地看待产业部门，而需要将它们联系起来分析和研究，这便是产业关联的现实基础。产业关联理论主要是以投入产出理论及其模型作为分析的基础的。

一、列昂惕夫投入产出理论

在对经济活动中的相互依存性进行大量研究的基础上，1931 年美国著名经济学家瓦西里·列昂惕夫开始对投入产出展开分析。列昂惕夫通过查阅美国国情资料，分别编制了1919年和1929年美国的投入产出表，通过对该表数据的分析，列昂惕夫对当时美国的经济状况进行了研究。投入产出分析诞生的标志是他1936年发表的《美国经济制度中投入产出数量关系》一文。1941年列昂惕夫根据研究结果出版了《美国经济结构1919—1929》，1953年他又与钱纳里等人合著出版了《美国经济结构研究投入产出分析的理论与实证探讨》一书，这些文献均较为详细的解释了投入产出的基本原理及方法。

1929年爆发了资本主义经济历史上后果最为严重的一次经济危机。当时由于运用传统的西方经济学理论不能解释经济危机产生的根源，这次经济危机也导致了西方经济学理论两个方面的变革。一是凯恩斯（Keynes）主义的应运而生，它的核心思想是主张国家干预，特别是财政干预，通过这些干预措施人为地刺激投资和消费，扩大需求以便减少失业和预防经济危机的发生。由于契合了当时的政策制定且在实践中经受住了考验，凯恩斯主义经济学成为西方经济学的主流，许多国家依此制订基本经济政策。另一方面是一些经济学家在已有数理经济学研究的基础上，通过更进一步利用数学工具和统计资料，以数理统计方法客观分析和预测经济发展，经过实践的积累，由此诞生了投入产出分析和计量经济学。因此，投入产出分析的产生适应了当时资本主义经济发展的需要，它的产生不是偶然的，而是有一定的社会历史背景。

综上，投入产出以及投入产出模型是一种经济学研究的方法和工具。整个市场经济体系中所有商品的价格是由该体系中市场的总供求关系决定的。从西方经济学供求理论分析，当市场上所有商品的价格能够保证所有商品的供求关系均衡时，就会导致整个市场的价格体系达到均衡状态。在这种均衡状态下，商品价格就被称之为均衡价格。投入产出分析就是揭示各产业部门间技术经济联系的量化比例关系。列昂惕夫对投入产出法的理解就是该方法借用一般均衡理论，研究错综复杂的经济活动之间在数量上的相互依赖关系。

二、马克思两大部类理论的投入产出分析

根据马克思再生产理论，社会总产品的实物运动与价值运动相一致，按照产品的使用价值可将社会总产品分为两大部类，即生产资料和消费资料；另外也可以按产品的价值将其划分为转移价值部分和新创造价值部分。投入产出表是投入产出法的研究工具，投入产出分析就是依据以上这两种划分标准，将其放在同一张投入产出表中，从宏观角度观察社会总产品，反映产品的价值运动。

在基于马克思的社会再生产理论，应用投入产出模型研究宏观经济运行时是以这些假定条件为前提的：（1）国民经济各部门内生产的产品是同质的；（2）假定任何部门所消耗的各种投入的数量跟这个部门的总产出成正比例关系；（3）假定价格不变。

首先，根据马克思的社会再生产理论拓展投入产出模型，则假定社会总产品只划分为两个部类，即生产资料生产部类 Q_1 和消费资料生产部类 Q_2 。它们的价值构成由三个部分构成：转移价值（不变价值）C，劳动力价值 V，剩余价值 M。两大部类再生产公式为：

表 1.1　两大部类的投入产出表

投入＼产出		中间产品		终产品	总产出
		部门 I	部门 II		
中间投入	部门 I	C_1	C_2	0	Q_1
	部门 II	0	0	Q_2	Q_2
初始投入	可变资本	V_1	V_2		
	剩余价值	M_1	M_2		
总投入		Q_1	Q_2		

$$C_1 + V_1 + M_1 = Q_1 \tag{1.12}$$

$$C_2 + V_2 + M_2 = Q_2 \tag{1.13}$$

据此可形成两大部类的投入产出表（表1.1）。

（一）投入产出的市场运行机制分析

马克思认为，商品具有使用价值和价值两个属性。在表1.1中，表的行向用来表示产品的使用价值构成，其中本年消耗使用的生产资料属于中间产品，其余主要作为生活消费或者库存，我们称之为最终产品。表的列向则是反映产品的价值构成，其中作为本年消耗使用的生产资料算作中间投入，这部分的价值是转移过来的价值，也就是不变价值，其余部分的价值是新创造价值，也叫做初始投入。总产品和总投入为 Q_1, Q_2 。

表的行向是反映两大部类的实物运动方向，其过程必须进行如下的交换才能实现：

$$V_1 + M_1 = Q_2 \tag{1.14}$$

这表示用第一部类的生产资料去换取第二部类的消费资料，在实物形式上得到实现。因此，我们可以看到，反映在投入产出表中的第一行，由于 C_1, C_2 作为中间产品在生产过程中消耗掉了，最终产品是0，则第一行合计总产出为：

$$C_1 + C_2 = Q_1 \tag{1.15}$$

在第二行，中间产品是以不变资料的形式投入的，因此中间产品一栏全为0，从而在这一行的最终产品合计应该为新增加的价值，即初始投入的可变资本和剩余价值之和，即

$$V_1 + M_1 + V_2 + M_2 = Q_2 \tag{1.16}$$

因此，从式（1.12）到式（1.16），可以充分再现两大部类再生产的公式。接下来，可以将两大部类细化为国民经济的多个部门。假定国民经济存在着 n 个部门，这 n 个部门在生产过程中发生着各种联系。根据马克

思的社会再生产理论，我们可以构造 n 个部门的投入产出表（表 1.2）。

表 1.2　n 个部门的投入产出表①

投入 \ 产出		中间产品 1 2 … n	最终产品	总产出
中间投入	1	c_{11} c_{12} … c_{1n}	y_1	Q_1
	2	c_{21} c_{22} … c_{2n}	y_2	Q_2
	…	… … … …	…	…
	N	c_{n1} c_{n2} … c_{nn}	y_n	Q_n
初始投入	劳动者报酬	v_1 v_2 … v_n		
	社会纯收入	m_1 m_2 … m_n		
总投入		Q_1 Q_2 … Q_n		

下面，将分别从实物补偿和价值补偿两个方面研究宏观经济运行机制的约束条件。

根据上述投入产出模型，可先研究各部门产品的实物构成。从行向出发，有以下方程式：

$$c_{11} + c_{12} + \cdots + c_{1n} + y_1 = Q_1$$

$$c_{21} + c_{22} + \cdots + c_{2n} + y_2 = Q_2$$

$$\cdots \quad \cdots \quad \cdots \quad \cdots$$

$$c_{n1} + c_{n2} + \cdots + c_{nn} + y_n = Q_n$$

可以简化为：

$$\sum_{j=1}^{n} c_{ij} + y_i = Q_i \qquad (i = 1,2,\cdots,n) \tag{1.17}$$

在这里，引入直接消耗系数 a_{ij}，它表示为生产每一单位的 j 产品所

① 在表中，行向表示产品的使用价值构成，列向表示产品的价值构成。用 n 个部门将表 1.1 的两大部类具体化。用劳动者报酬和社会纯收入代替表 1.1 的可变资本和剩余价值，其余符号与表 1.1 相同。

需要投入的第 i 种商品的数量。根据定义，$a_{ij}=\frac{c_{ij}}{Q_j}$（$i$，$j=1$，2，…，$n$）。这样，从这个定义中，我们有：

$$c_{ij}=a_{ij}Q_j \qquad (i,j=1,2,\cdots,n) \tag{1.18}$$

把（1.18）式代入（1.17）式可以得到：

$$\sum_{j=1}^{n}a_{ij}Q_j+y_i=Q_i \qquad (i=1,2,\cdots,n) \tag{1.19}$$

把上述产品平衡的展开式用矩阵的形式表示，有：

$$AQ+Y=Q \tag{1.20}$$

其中：

$$A=\begin{bmatrix} a_{11} & a_{21} & \cdots & a_{1n} \\ a_{21} & a_{22} & \cdots & a_{2n} \\ \cdots & \cdots & \cdots & \cdots \\ a_{n1} & a_{n2} & \cdots & a_{nn} \end{bmatrix},Q=\begin{bmatrix} Q_1 \\ Q_2 \\ \cdots \\ Q_N \end{bmatrix},Y=\begin{bmatrix} y_1 \\ y_2 \\ \cdots \\ y_n \end{bmatrix}$$

把（1.20）式合并同类项，可以得到

$$Y=(I-A)Q \tag{1.21}$$

其中，I 是单位矩阵，（$I-A$）矩阵是一个特殊形式的矩阵，其具体形式为：

$$(I-A)=\begin{bmatrix} 1-a_{11} & -a_{21} & \cdots & -a_{1n} \\ -a_{21} & 1-a_{22} & \cdots & -a_{2n} \\ \cdots & \cdots & \cdots & \cdots \\ -a_{n1} & -a_{n2} & \cdots & 1-a_{nn} \end{bmatrix}$$

由于考察宏观经济的整个运行过程，就要求最终需求 Y 是正数，同时，总产出 Q 也是正数，这样，根据霍金斯—西蒙定理①，我们可以知

① 霍金斯—西蒙定理指出，在投入产出体系中，对于非负的最终需求 Y，具有正的均衡总产出 X 的充分必要条件是 n 阶行列式的各阶主子式都大于 0。

道，(1.21) 式有正数解的条件是 $|I-A|$ 的各阶主子式都大于0，即有

$$1 - a_{ii} > 0 \tag{1.22}$$

这表明，任何部门生产1个单位的总产出所消耗的本部门产品必须小于1个单位，即任何部门生产1个单位的总产出不仅能够提供给中间需求部门，还能提供给最终需求部门使用。由于宏观经济中的每一个部门生产的任意数量的总产出大于由此带来的对该部门产品的消耗，各部门就可以生产出适量的总产出来满足非负的最终需求。

同时，作为直接消耗系数的 a_{ii} 在一般情况下应该是大于0且小于1的，因此，(1.22) 式可以变形为：

$$0 < 1 - a_{ii} < 1 \tag{1.23}$$

在 (1.23) 式的约束下，(1.21) 式就具有正的均衡解。这样，就得到了宏观经济运行的内在约束条件：$0 < 1 - a_{ii} < 1$，而在这一约束条件下，宏观经济的各部门的再生产也就实现了实物补偿，每一个部门生产的任意数量的总产出不仅能够弥补对该部门产品的消耗，而且还有剩余来弥补其他部门生产的消耗，从而市场经济各部门就可以生产出适量的总产出来满足非负的最终需求。宏观经济也正是在这一区间内得以正常运行。

从表1.2的列向来研究宏观经济各部门产品的价值构成，有以下的方程式：

$$\sum_{i=1}^{n} c_{ij} + v_j + m_j = Q_j \qquad (j = 1,2,\cdots,n) \tag{1.24}$$

把 (1.19) 式代入 (1.24) 式，得

$$\sum_{i=1}^{n} a_{ij}Q_j + v_j + m_j = Q_j \qquad (j = 1,2,\cdots,n) \tag{1.25}$$

其中，$\sum_{i=1}^{n} a_{ij}$ 表示生产 j 部门产品的中间投入系数，也就是转移价值系数。

将 (1.25) 式移项并合并同类项，可得，

$$(1-\sum_{i=1}^{n}a_{ij})Q_j=v_j+m_j \qquad (j=1,2,\cdots,n) \tag{1.26}$$

用矩阵形式表示（1.26）式可得：

$$(I-A_c)Q=V+M \tag{1.27}$$

式中，V、M 表示各部门初始投入列向量，A_c 表示中间投入系数矩阵，它是个对角矩阵，从而 $(I-A_c)$ 也是一个对角矩阵，即

$$(I-A_c)=\begin{bmatrix} 1-\sum_{i=1}^{n}a_{i1} & 0 & \cdots & 0 \\ 0 & 1-\sum_{i=1}^{n}a_{i2} & \cdots & \\ \cdots & \cdots & \cdots & \cdots \\ 0 & 0 & \cdots & 1-\sum_{i=1}^{n}a_{in} \end{bmatrix}$$

要想使（1.27）式有非负的最终需求，且均衡总产出为正数，则必须有

$$1-\sum_{i=1}^{n}a_{ij}>0 \tag{1.28}$$

由于 $\sum_{i=1}^{n}a_{ij}$ 是 j 部门的转移价值系数，$1-\sum_{i=1}^{n}a_{ij}$ 则表示为 j 部门的增加值系数。（1.28）式的经济含义为宏观经济中各部门的增加值大于0。这就要求任何部门在生产中所消耗的各部门产品的价值量之和必须小于其总产值，从而保证宏观经济正常运行。

同样，在一般情况下 $0<\sum_{i=1}^{n}a_{ij}<1$。所以（1.28）式可以加上一个下限的约束条件，即

$$0<1-\sum_{i=1}^{n}a_{ij}<1 \tag{1.29}$$

（1.29）式即为宏观经济运行机制的约束条件之二，在这一约束下，任何部门的生产的总产值除了能补偿中间投入的价值量，还有剩余来补

偿最初投入的价值量，这样，宏观经济中各部门才可以生产出适量的总产出满足非负的最终需求，市场经济才能正常运转。由此也正好验证了马克思所认为的社会生产得以正常运行的价值补偿条件。

综合（1.23）式和（1.29）式，则得到宏观经济运行的内在约束条件：在实物补偿上必须满足 $0 < 1 - a_{ii} < 1$ ，而在价值补偿上必须要满足 $0 < 1 - \sum_{i=1}^{n} a_{ij} < 1$ 。也只有在两个约束条件下，宏观经济才能够正常运行，任何超出上下限的情况，都会导致危机的出现。具体情况如下：

第一种情况：当宏观经济运行超出下限，即 $1 - \sum_{i=1}^{n} a_{ij} < 0$ 时，表明在宏观经济中，各个部门的总产出不足以弥补中间投入的价值量，更不能弥补最初投入的价值量。由此，整个部门表现出来的是总供给大大超过总需求，经济出现萧条。

第二种情况：当宏观经济运行超出上限，$1 - \sum_{i=1}^{n} a_{ij} > 1$ ，则 $\sum_{i=1}^{n} a_{ij} < 0$ ，表明各部门根本没有中间投入，完全用于新增加的价值，从而宏观经济表现出来的是总需求大于总供给，经济出现泡沫化。

（二）投入产出与宏观经济运行的非均衡状态分析

上述的分析，是在没有考虑货币因素的情况下进行的。当引入货币因素后，会发现货币因素在润滑整个宏观经济运行过程的同时，也加剧了宏观经济运行过程的复杂性，甚至会蕴藏着危机。马克思非常重视货币在社会再生产过程中的“独特的作用”。他认为，货币使年产品的正常交易变成了一种单方面的交易，即“一方面是大量的单纯的买，另一方面是大量的单纯的卖”。社会再生产的实现条件或社会再生产的均衡，只有在这样的前提下才能保持，即“单方面的买的价值额要和单方面的卖的价值额互相抵消。”而商品生产是资本主义生产的一般形式这一事实，已经包含在资本主义生产中货币不仅起着流通手段的作用，而且也起货币资本的作用。同时货币资本又会产生这种生产方式所特有的、使交换从而也使再生产得以正常进行的某些条件。而这些条件转变为同样多的危机的可能性。因为在这种生产的自发形式中“平衡本身就是一种偶然现象”，“过程本身的复杂性，呈现出同样多的造成过程失常的原因。”马克思在这里是针对宏观经济的一种形态，即资本主义宏观经济而言的，如果抽象掉宏观经济的这种特殊形式，那么，因货币因素导致过程本身的复杂性，并由此导致社会再生产过程失衡或非均衡的情况，则是宏观经济运行的常见状况。

当引入货币因素，特别是价格体系由于某些原因发生改变的时候，新的投入系数如下所示：

$$A' = PAP^{-1} \tag{1.30}$$

其中，P 是新价格体系的可逆对角矩阵，各部门新的价格排列在该矩阵的主对角线上，这样，不管是本部门的价格变动，还是其他部门的价格变动，都能够通过本部门总产值的变动或者中间投入价值的变动使得增加值大于0变为小于0或者大于1，即 $1-\sum_{i=1}^{n}a_{ij}<0$ 或者 $1-\sum_{i=1}^{n}a_{ij}>1$ 。

上述过程可以理解为：货币量的非均衡变动，会直接引起实物量的非均衡变动。比如，在未充分就业情况下，货币量的增长，会直接引起实物量的增长。如果没有扩张性的货币增长，即使在未充分就业情况下，也不可能出现扩张性的实物增长。这是货币作为社会再生产的一个内在要素，作为货币资本而不是作为媒介的货币的一个最显著的作用。只要实物资源充足，就能实现经济增长的观点，只是一种宏观经济中的“实物幻觉”。另外，在充分就业的情况下，扩张性的货币增长，只会导致名义实物量的增长，而不会导致真实实物量的增长。那种以通货膨胀来促进经济增长的主张，不过是宏观经济中的“货币幻觉”。货币虽然是社会再生产的一个内在要素，但它本身却不是生产要素。因此货币增长之所以能引起实物在真实量上的扩张，是由于实物增长所需要的生产要素已经具备。当然，货币增长导致实物真实量的增长存在时间滞后。这只是问题的一个方面。另一方面，实物量的非均衡变动也会引起货币量的非均衡变动。在正常情况下，实物量的非均衡性变动最终必然导致货币的非均衡性变动；在非正常情况下，实物量因某种原因急剧减少而跌破下限，或者因某种原因急剧增加而突破上限，则都会导致货币由自然的非均衡变动转向破坏性的非均衡变动。也就是说，在前一种情况下，贮藏的货币会大量进入流通领域，从而使货币的非均衡增长突破上限。在后一种情况下，货币会大量退出流通而使货币的非均衡增长跌破下限。

但是，也应该看到价格体系的改变虽然能够改变价值运动的条件，从而影响实物运动的方式，但是这仅仅局限于短期内的价值量的变动，长期内不能改变实物运动的条件，即在长期内，市场仍然能够缓解危机，回归正常运行。具体如下所示：

$$
\begin{aligned}
|I - A'| &= |PP^{-1} - PAP^{-1}| = |P(I - A)P^{-1}| \\
&= |P||I - A||P^{-1}| = |I - A|
\end{aligned}
$$

除了货币因素影响宏观经济运行外，固定资本的更新则是另外一个重要因素。马克思引进货币因素分析了社会再生产过程的非均衡状态后，又引入了不稳定的固定资本更新因素。通过具体分析固定资本的损耗和补偿问题，从一个侧面揭示了实物因素导致社会再生产的实际过程必然处于非均衡状态。

对于固定资本更新的分析，由于涉及到时间要素，需使用动态投入产出模型分析。针对（1.30）式，引入时间因素，用高阶常微分方程组来描述，具体形式如下：

$$
Q_t = A_t Q_t + B_t Q'_t + Y_t \tag{1.31}
$$

其中，Q_t 表示 t 年 n 阶总产出的列向量，A_t 是 t 年 $n \times n$ 阶消耗系数矩阵，B_t 表示 t 年 $n \times n$ 阶投资系数矩阵。它表示在市场经济运行过程中，各部门产品增长单位产出对投资的消耗系数矩阵。用这一系数代替固定资本更新因素。Q'_t 表示 t 年 n 阶二次微商列向量。它描述了宏观经济运行中，各种产品投资对产出增长的贡献。Y_t 表示 t 年 n 阶最终产品列向量。

为了计算方面，我们省略了（1.31）式中 A、B 系数矩阵的时间下标，同时对其进行差分化处理，则有：

$$Q_t = AQ_t + B\Delta Q_t + Y_t \tag{1.32}$$

假定固定资本更新周期为 T 年。为了使得方程自洽，第 T 年的方程组使用静态方程表示，即

$$Q_T = (I - A)^{-1} Y_T \tag{1.33}$$

结合（1.31）式，则有

$$Q_t = (I - A + B)^{-1}(Y_t + BQ_{t+1}) = a_1 Q_{t+1} + c \tag{1.34}$$

其中，$a_1 = (I - A + B)^{-1}B, c = (I - A + B)^{-1}Y_t$

由于固定资本更新因素的存在，一般地在定义投资系数的时候存在着不一致，这样在对投资系数进行分析的时候，可能存在着误差。为了叙述方便，则定义：

$$a = a_t + \varepsilon_B \tag{1.35}$$

其中，$\varepsilon_B > 0$。

把（1.35）式代入（1.34）式，利用逆推的方式，当 $t = T - 1$ 时，则有

$$Q_{t-1} = (a + \varepsilon_B)Q_t + c = aQ_t + c + \varepsilon_B Q_t = Q^*_{T-1} + \varepsilon \tag{1.36}$$

其中，$Q^*_{T-1} = aQ_t + c, \varepsilon = \varepsilon_B Q_t > 0$

当 $t = T - 2$ 时，则有

$$\begin{aligned} Q_{t-2} &= (a + \varepsilon_B)Q_{T-1} + c \\ &= (a + \varepsilon_B)(Q^*_{T-1} + \varepsilon) + c \\ &= aQ^*_{T-1} + \varepsilon_B Q^*_{T-1} + a\varepsilon + \varepsilon_B \varepsilon + c \qquad (1.37) \\ &\geqslant Q^*_{T-2} + 2a\varepsilon \qquad (1.38) \end{aligned}$$

更为一般地说，当 $t = T - n$ 时，则有

$$Q_{T-n} \geqslant Q_{T-n}^{*} + na\varepsilon \tag{1.39}$$

从式（1.39）中可以看到，由于存在着固定资产更新，随着时间 n 的增大，Q_{T-n} 与真实解 Q_{T-n}^{*} 的偏差越来越大，这在一定程度上说明了该投入产出模型的不稳定，也证明了在宏观经济运行中，由于固定资本因素的存在，其运行也是不稳定的。

马克思很早就意识到了，固定资本更新对宏观经济运行的影响了。具体来说，马克思认为，寿命已经完结因而要用实物补偿的那一部分固定资本（这里是指在消费资料生产中执行职能的固定资本）的数量大小，是逐年不同的。如果在某一年数量很大，那在下一年就一定很小。因此，生产资料的生产总额在一个场合则必然减少。而要满足这点，只有用不断的相对的生产过剩来补救，即一方面要生产出超过直接需要的一定固定资本，另一方面，特别是原料等等的储备也要超过每年的直接需要（这一点特别适用于生活资料）。“这种生产过剩等于社会对它本身的再生产所必需的各种物质资料的控制。但是，在资本主义社会内部，这种生产过剩却是无政府状态的一个要素。”① 正是由于固定资本更新要素的存在，可能导致社会再生产存在着非均衡状态，从而宏观经济运行也会以非均衡的状态存在。

第五节　小　结

本章主要是对比较优势理论及专业转型升级研究进行综述。主要是从传统比较优势理论及产业转型升级研究、动态比较优势理论及产业转型升级研究、内生动态比较优势理论及产业转型升级研究、投入产出理论及产业转型升级研究四个方面进行综述的。

---

① 《马克思恩格斯全集》第四十五卷，人民出版社 2003 年版，第 526 页。

静态比较优势理论假定生产成本是决定产品价格的唯一因素，因此，产品的比较优势在很大程度上就是产品的比较成本优势，这些理论最大的特点就是忽略了需求因素，是纯供给或纯生产的理论概念。这种理论的假设与现实经济情况不符，由此导致该理论不能解释当前贸易格局的动态变化。因此，静态比较优势理论主要是为了从国际贸易角度说明经济增长，即在某种经济环境下，一国一定的贸易模式与贸易格局如何影响了该国产出效率与福利水平，这就决定了这些理论很难说明比较优势及由此所决定的对外贸易模式与国际贸易格局是如何演变的。

动态比较优势理论最大的特点就是将增长理论引入贸易模式的研究，该理论考察了随着经济增长，比较优势的的动态发展变化引起的贸易模式的改变及其产出效应和福利影响，并揭示在经济增长的过程中受要素积累和技术进步的影响，一国比较优势动态变化的决定因素及内在机制。但是动态比较优势理论却将引起这些变动的要素禀赋变动，特别是技术变动外生化了！这样，在动态比较优势理论中，发展中国家的技术进步仅仅表现为接受发达国家的技术转移以及模仿发达国家技术，国家政策也只是通过进口替代、出口补贴及幼稚产业扶持来实现对贸易结构的影响。这样的话，发展中国家就很难有效缩短与发达国家的技术差距或者扭转由于技术因素决定的比较优势。动态比较优势理论没有抓住技术进步的根本所在。

动态比较优势理论将影响要素积累的技术进步外生化了，内生动态比较优势理论则弥补了这一缺点，内生动态比较优势理论旨在揭示比较优势变迁与内生技术进步之间的互动关系、考察连续时间内比较优势的内在决定因素及其演化机制。这种理论为发展中国家从促进技术内生进步入手，为发展中国家实现比较优势以及产业转型升级提供了一个比较好的路径。

产业关联理论常用方法是投入产出分析。投入产出分析以及投入产出模型是一种经济学研究的方法和工具。整个市场经济体系中所有商品的价格是由该体系中市场的总供求关系决定的。根据供求理论分析，当市场上所有商品的价格能够保证所有商品的供求关系均衡时，就会导致整个市场的价格体系达到均衡状态。在这种均衡状态下，商品价格就被称之为均衡价格。投入产出分析就是揭示各产业部门间技术经济联系的量化比例关系。列昂惕夫对投入产出法的理解就是该方法借用一般均衡理论，研究错综复杂的经济活动之间在数量上的相互依赖关系。

第二章　东莞制造业比较优势及要素禀赋分析

20 世纪 80 年代以来，东莞经济迅速发展，而以“两头在外、三来一补”为主要特征的东莞制造业发展速度更快，从而为东莞成为“中国制造”重要基地之一做出了重要的贡献。但是，随之而来的却是东莞贸易的对外依存度过高，使得东莞甚至是中国经济越来越容易受到国外市场需求的影响。东莞制造业还有没有比较优势？东莞制造业未来发展方向在哪里？东莞制造业如何实现产业转型？这些问题随之而来。本章将立足于东莞制造业的发展现状，从分析制造业比较优势入手，重点探讨东莞制造业比较优势的要素禀赋特征，为下一章分析东莞制造业产业转型提供必要的理论支持和实证检验。

本章的结构如下：第一节分析东莞制造业的发展现状。在此基础上，第二节将会针对东莞制造业的比较优势状况进行分析。第三节则主要对东莞制造业产业间和产业内比较优势的要素禀赋特征进行分析。

第一节　东莞制造业发展的现状

一、东莞工业发展的历史沿革

1978 年改革开放以来，东莞经济持续增长，经济、社会发生了翻天覆地的变化。1978 年，东莞生产总值仅有 6.11 亿元，财政收入只有 0.66 亿元。然而，经过三十多年的发展，东莞的经济实力已不可同日而语，快速跨过一个又一个台阶，经济指标以几何级数增长。2013 年，东莞生产总值达到了 4642.25 亿元，是 1978 年的 760 倍，财政收入 785.10 亿元，是 1978 年的 1190 倍。这种强劲的经济发展势头与东莞的工业发展是分不开的。1978 年以来，东莞工业发展大致上可以分为以下几个阶段。

（一）起步发展阶段（1978—1983 年）

这一阶段，东莞仍然是一个小县城，经济虽然开始发展，但是百废待兴，工业发展处于开始起步阶段。1978 年，东莞工业总产值为 42046 万元，到 1983 年则达到了 94823 万元，年均增长为 17.66%。

（二）快速发展阶段（1984—2000 年）

这一阶段是东莞工业发展的黄金阶段，以出口导向为主，“两头在外、三来一补”的加工贸易得到了迅猛的发展，一度使得东莞成为了“中国制造”的代名词。究其原因，1985 年撤县建市为其提供了发展的契机，1992 年邓小平南方谈话为其工业的发展提供了动力。1984 年东莞工业总产值一跃超过了 100000 万元，达到了 114237 万元，同比 1983 年增长了 16%。到 2000 年的时候，工业总产值则达到了 15197858 万元，是 1984 年的 133 倍。这一时期，工业总产值年均增长达到了 35.75%。但是，加工贸易依赖于外国经济发展的弊端在这一时期特别是东南亚金融危机的时候开始凸显出来。

（三）产业结构调整升级阶段（2001 年至今）

从 2001 年开始，东莞市政府开始对工业进行产业结构调整。2000 年东莞市工业增加值为 4304525 万元，到 2013 年达到了 24361438 万元，是

2000 年的 5.66 倍，年均增长为 14.26%。在这一时期，东莞工业主要致力于产业升级。特别是 2008 年源自美国的世界金融海啸对东莞经济造成了巨大的影响，使得东莞市政府进一步认识到单纯地依靠出口导向、两头在外、低附加值的加工贸易不是东莞经济可持续发展的方向，必须要进行产业结构转型升级，建立现代产业体系，这才是东莞经济发展的未来。

二、东莞制造业发展的现状

东莞经济的发展离不开东莞工业，东莞工业又主要以制造业作为龙头，正是东莞制造业的迅猛发展带动了东莞工业以及东莞经济的长期发展。特别是从 2005 年东莞实施科技东莞工程、加大财政对科技的投入、致力于制造业产业结构调整以来，东莞制造业发展迅猛，不管是总资产、年均就业人数还是全员劳动生产率，都有了很大提升。

（一）制造业各产业资产总值不断增加

东莞制造业各产业的资产规模都很大，其中资产总额排行前五的是：通信设备、计算机及其他电子设备制造业、电气机械及器材制造业、造纸及纸制品业、塑料制品业和纺织业。2005 年以来，东莞制造业各产业都得到了长足发展，资产总值不断上升，具体情况如表 2.1 所示。

表 2.1　2005—2013 年东莞制造业各产业资产总值

（单位：千元）

产业分类	资产总值					
	2005 年	2006 年	2007 年	2008 年	2009 年	2013 年
农副产品加工业	2618955	3563097	6804044	7024289	12042825	21078745
食品制造业	4492814	4294906	5335277	5895856	6553891	10438582

续表

产业分类	资产总值					
	2005 年	2006 年	2007 年	2008 年	2009 年	2013 年
饮料制造业	3004364	4611562	5852514	6794113	8193989	8443502
纺织业	16011752	16575635	18872111	20339233	21583329	17189112
纺织服装、鞋、帽制造业	7682269	22171821	11457638	14483116	14330284	39239821
皮革、毛皮、羽毛（绒）及其制品业	7590351	10870322	13195760	12976036	13642890	21905554
木材加工制品业	1075421	1214073	1412337	1809515	1915852	2028182
家具制造业	9646151	11758510	13345308	13146343	13385561	16681892
造纸及纸制品业	20813967	27758866	34018016	47010810	39349655	57386052
印刷业和记录媒介的复制	5229009	5954055	7883043	9430723	10680225	13765901
文教体育用品制造业	9851276	10604121	12525722	13823006	14525272	22416232
化学原料及化学制品制造业	9700764	10260659	11877573	13318538	14370474	23822201
医药制造业	914827	806887	785484	933597	1962279	2406091
化学纤维制造业	1426411	1481991	1329966	349305	246999	548572
橡胶制品业	2461641	1863988	2769953	5437785	5174871	6236321
塑料制品业	20456736	19950415	24107035	29351337	29487930	33323631
非金属矿物制品业	6657859	9321194	12762339	13871575	14275215	17936791
黑色金属冶炼及压延加工业	1770185	2339820	2753567	2351561	2338616	3554512
金属制品业	11448708	15891350	18253052	17544542	18432025	24684241
通用设备制造业	4746394	5845419	7871439	11017852	11067491	30717201
专用设备制造业	10241557	11821394	13969583	16695981	17363035	14100371
交通运输设备制造业	2368534	2713129	3418025	8321617	8996571	16483081
电气机械及器材制造业	28907239	39051674	45749136	52170396	45756238	70660313
通信设备、计算机及其他电子设备制造业	79635389	95882819	111189348	104069957	115110206	238279842
仪器仪表及文化、办公用机械制造业	13298226	14671612	11521307	13020566	13557100	10470512
工艺品及其他制造业	3066648	4417000	5591969	9192944	9309494	4504001

资料来源：根据历年《东莞统计年鉴》及相关资料整理。

从表 2.1 中我们可以看到，相对于 2005 年，2013 年制造业各产业的总资产都有大幅度的提高。其中，增幅最大的是农副产品加工业，2013 年该产业资产总值达到了 2107874.5 万元，是 2005 年 261895.5 万元的 8.05 倍。其次是通用设备制造业，2013 年该行业资产总值达到了 3071720.1 万元，是 2005 年 474639.4 万元的 6.47 倍。

（二）制造业从业人员年均人数不断增长

2005 年至今，东莞制造业各产业年均从业人员数量都很大，其中排行前五名的是：通信设备、计算机及其他电子设备制造业、皮革、毛皮、羽毛（绒）及其制品业、电气机械及器材制造业、塑料制品业和纺织业，具体如表 2.2 所示。2005 年以来，东莞制造业各产业从业人员年均人数不断增长。其中，增长最快的是农副产品加工业，2013 年该产业年均从业人员为 8075 人，是 2005 年 2361 人的 3.42 倍；其次是交通运输设备制造业，2013 年该产业年均从业人员达到了 29799 人，是 2005 年 8903 人的 3.35 倍；而人数增长最多的通信设备、计算机及其他电子设备制造业，其在 2013 年的平均就业人数为 775751 人，比 2005 年增长近万人。

表 2.2　2005—2013 年东莞制造业各产业从业人员年均人数

（单位：人）

产业分类	从业人员年均人数					
	2005 年	2006 年	2007 年	2008 年	2009 年	2013 年
农副产品加工业	2361	2851	4057	4544	5642	8075
食品制造业	10540	11193	11259	15453	15236	16271
饮料制造业	4256	4421	4698	6598	8778	10561
纺织业	108118	109565	107931	123586	117860	60437
纺织服装、鞋、帽制造业	124329	147271	148958	178946	177112	192894
皮革、毛皮、羽毛（绒）及其制品业	179732	209089	194984	275674	257289	287073

续表

产业分类	从业人员年均人数					
	2005 年	2006 年	2007 年	2008 年	2009 年	2013 年
木材加工及木、竹、藤、棕、草制品业	8987	8574	9730	13037	11530	5510
家具制造业	77156	102960	86465	106187	90122	88131
造纸及纸制品业	55720	63833	58843	73063	59427	65582
印刷业和记录媒介的复制	30155	32401	34455	44390	40672	45106
文教体育用品制造业	168498	171887	142645	204198	169136	195882
石油加工、炼焦及核燃料加工业	99	379	468	534	638	270
化学原料及化学制品制造业	16227	17376	21025	23797	25379	27425
医药制造业	1885	2087	2205	2706	2431	2859
化学纤维制造业	3944	5400	3754	1928	1229	1933
橡胶制品业	18770	21799	23901	44465	38943	23843
塑料制品业	128258	137004	145869	262915	240757	172312
非金属矿物制品业	26721	31456	35248	28577	30219	32468
黑色金属冶炼及压延加工业	1791	2570	3118	3475	1797	5637
有色金属冶炼及压延加工业	7390	8759	9208	11059	12012	16315
金属制品业	77697	92355	96357	101607	98949	99226
通用设备制造业	28957	35522	37767	54606	44378	91006
专用设备制造业	52147	56964	60035	94169	71874	49380
交通运输设备制造业	8903	10707	11879	17091	20687	29799
电气机械及器材制造业	266210	292819	269433	299353	268921	265521
通信设备、计算机及其他电子设备制造业	480300	541735	473323	640254	598235	775751
仪器仪表及文化、办公用机械制造业	65487	73229	68006	87447	78744	61426
工艺品及其他制造业	27403	32023	31358	55199	45005	15865

资料来源：根据历年《东莞统计年鉴》及相关资料整理。

（三）制造业全员劳动生产率不断提高

2005 年至今，根据人均产值来核算的东莞制造业各产业全员劳动生产率不断提高，具体如表2.3所示。

表2.3 2005—2013年东莞制造业各产业全员劳动生产率

（单位：元/人）

产业分类	全员劳动生产率					
	2005年	2006年	2007年	2008年	2009年	2013年
农副产品加工业	247560	457050	390908	742359	543582	420600
食品制造业	87129	94271	161091	137358	149327	192003
饮料制造业	241763	397549	434886	453724	287006	172967
纺织业	41346	44257	51405	44348	46942	81081
纺织服装、鞋、帽制造业	20682	28103	41802	35739	37071	74436
皮革、毛皮、羽毛（绒）及其制品业	15302	17911	29040	20258	23112	41257
木材加工及木、竹、藤、棕、草制品业	19438	35228	36093	34058	39348	82128
家具制造业	22709	32013	41988	41995	42324	69056
造纸及纸制品业	58159	89639	114968	128023	120813	151653
印刷业和记录媒介的复制	35616	40238	62095	54740	75285	104168
文教体育用品制造业	18118	20738	31155	22109	27165	49141
石油加工、炼焦及核燃料加工业	87172	1065201	208395	190985	369445	1810100
化学原料及化学制品制造业	100153	157315	138852	172685	159660	176480
医药制造业	71835	84114	107298	109482	122756	226507
化学纤维制造业	40136	66713	124507	41566	38238	60309
橡胶制品业	25210	28939	37009	34922	33076	42350
塑料制品业	28629	40232	43514	30874	35572	33432
非金属矿物制品业	47615	53356	77253	102904	104517	116981
黑色金属冶炼及压延加工业	108800	333691	217501	159725	185890	138132
有色金属冶炼及压延加工业	31787	99557	72806	124165	151728	100245
金属制品业	27730	46582	50526	54577	43438	84290
通用设备制造业	33297	46921	51678	62639	57013	95128
专用设备制造业	43054	49105	60296	46410	47916	90510
交通运输设备制造业	49970	66843	91495	128458	114725	289496

续表

产业分类	全员劳动生产率					
	2005 年	2006 年	2007 年	2008 年	2009 年	2013 年
电气机械及器材制造业	26023	45764	59909	56224	53536	78144
通信设备、计算机及其他电子设备制造业	34606	61551	64590	50729	56247	99158
仪器仪表及文化、办公用机械制造业	36506	67527	54542	45282	53628	79955
工艺品及其他制造业	29712	37051	42474	42676	47585	81943

资料来源：根据历年《东莞统计年鉴》及相关资料整理。

从表 2.3 中，我们可以看到，2013 年，东莞制造业各产业全员劳动生产率排行前五的是：石油加工、炼焦及核燃料加工业、交通运输设备制造业、木材加工及木、竹、藤、棕、草制品业、纺织服装、鞋、帽制造业和有色金属冶炼及压延加工业。在这些产业中，增幅最大的是石油加工、炼焦及核燃料加工业，2013 年该产业全员劳动生产率为 1810100 元/人，是 2005 年的 20.76 倍；其次是交通运输设备制造业，2013 年该产业全员劳动生产率为 289496 元/人，是 2005 年的 5.79 倍。

第二节　东莞制造业进出口及其比较优势变化状况

随着东莞经济的迅猛增长，其制造业有了长足发展，特别是 2001 年中国加入世贸组织，贸易自由化程度不断加深的背景下，东莞制造业各产业的比较优势在世界市场上逐步得以发挥，每个产业的进出口额都有不同程度的增长，但增长的差别较大。

一、东莞制造业进出口变化状况

2005 年以来，大力实施“科技东莞”工程以及积极推进产业转型，使得东莞制造业进出口额大幅度增长。东莞制造业在 2005 年的进出口总额为 682.73 亿美元，到了 2013 年达到了 1138.81 亿美元，是 2005 年的 1.67 倍，年均增长速度为 10.77%。

东莞制造业在 2005 年进口总额为 300.46 亿美元，到了 2013 年达到了 517.13 亿美元，是 2005 年的 1.72 倍，年均增长速度为 11.47%。东莞制造业在 2005 年出口总额为 382.27 亿美元，到了 2013 年达到了 621.69 亿美元，是 2005 年的 1.63 倍，年均增长速度为 10.21%。

表 2.4　东莞市制造业进出口总额变动情况一览表

（单位：亿美元）

年度	2005	2006	2007	2008	2009	2013
东莞制造业进出口总额	682.733	765.4267	1002.232	1064.262	883.6007	1138.812
东莞市进出口总额	743.71	842.21	1068.36	1132.99	941.55	1530.72
东莞制造业出口总额	382.2687	433.3104	568.9794	611.6498	508.8866	621.6858
东莞市出口总额	409.29	473.76	602.32	655.37	551.69	908.64
东莞制造业进口总额	300.4643	332.1163	433.253	452.6127	374.7141	517.1264
东莞市进口总额	334.39	368.45	466.04	477.82	389.7	622.08

资料来源：根据历年《东莞统计年鉴》、黄埔海关统计资料及其他相关资料整理所得。

具体看制造业各产业，除了饮料制造业和医药制造业外，其他产业出口绝对数额都有不同程度的上升。其中出口额上升最快的是交通运输设备制造业，2013 年出口额为 12.07 亿美元，是 2005 年 2.42 亿美元的 4.99 倍，年均增长为 37.91%，远远超过了制造业平均增长率。其他增长速度比较快的产业有：黑色金属冶炼及压延加工业、印刷业和记录媒介的复制、橡胶制品业、电气机械及器材制造业、专用设备制造业，年均增长速度分别为 29.72%、17.46%、16.86%、14.56% 和 14.02%。

由于东莞经济属于外向型经济，主要以“三来一补、两头在外”的加工贸易为主，因此，在制造业的各产业中表现出来的进出口数额都很大。2005 年以来，在东莞制造业涉及外贸领域的 26 个产业中有 15 个各业常年保持逆差。其中塑料制品业逆差数额最大，2013 年，该产业逆差为 31. 94 亿美元，九年来平均逆差额为 29. 03 亿美元。印刷业和记录媒介的复制业以及化学原料及化学制品业的逆差数额也不小，2013 年这两个产业的逆差额分别为 15. 82 亿美元和 15. 78 亿美元。

虽然逆差的产业比较多，但是在 11 个保持顺差的产业中，顺差的数额都比较大。其中顺差最大的是纺织服装、鞋、帽制造业，2013 年该产业顺差额为 70. 3 亿美元。顺差比较大的产业还有通用设备制造业、电气机械及器材制造业、家具制造业、文教体育用品制造业等，这些产业的顺差额分别为 66. 18 亿美元、62. 71 亿美元、43. 83 亿美元和 35. 07 亿美元。正是由于这些产业顺差数额比较大，导致东莞制造业在 2013 年整体顺差 149. 36 亿美元。

制造业的这种大进大出非常好地诠释了东莞贸易发展的特点。原料和产品出口市场都在国外，只是加工生产在东莞，也正是这种特点使得东莞制造业仅仅表现为“中国制造”而不能形成“中国创造”。东莞制造业转型升级是东莞经济可持续发展的必然选择。

二、东莞制造业比较优势变化状况分析

正是由于东莞外贸是以大进大出的加工贸易为主的特点，使得我们有必要进一步分析东莞制造业各产业比较优势的状况及其近些年来比较优势变化的状况。下面，我们首先介绍衡量比较优势的各种常见指标。

（一）衡量比较优势的指标

衡量比较优势的指标很多，有净出口比较优势指标、显示性比较优势指标，还可利用马尔科夫链计算熵的方法测算比较优势。本书主要使

用显示性比较优势指标对东莞制造业各产业比较优势进行分析。

显示性比较优势指数（Revealed Comparative Advantage Index，简称RCA 指数）是由美国经济学家巴拉萨在 1965 年提出的。它是衡量一国产品或产业在国际市场竞争力最具说服力的指标之一。其目的是通过定量方法分析一个国家或者地区各个产业（产品组）出口的相对表现情况。通过 RCA 指数可以知道一国或者地区的哪些产业或产品在出口方面具有竞争力，并进一步表明该国或地区在国际贸易中的比较优势。具体来说，显示性比较优势指数是指一个国家或地区的某种商品出口额占其出口总值的比重与世界出口总额中该类商品出口额比重的比率，可表示为：

$$RCA_{ij} = \frac{\dfrac{X_{ij}}{\sum_{j=1}^{n} X_{ij}}}{\dfrac{\sum_{i=1}^{m} X_{ij}}{\sum_{i=1}^{m}\sum_{j=1}^{n} X_{ij}}} \tag{2.1}$$

其中，RCA_{ij}表示 i 国 j 类产品的显示性比较优势指数；X_{ij}表示 i 国 j 类产品的出口额；i 表示不同国家，$i=1，2，\cdots，m$；j 表示不同类别产品，$j=1，2，\cdots，n$。

一般而言，如果 RCA 值接近 1 表示该国产品在国际市场上具有中性的相对比较利益，无所谓相对优势或劣势可言。如果 RCA 值小于 1，则表示该国产品在国际市场上不具有比较优势。若 RCA 值大于 1，表示该国产品在本国出口比重大于世界出口比重，则该国的此产品在国际市场上具有比较优势；若 RCA 在 1.25—2.5 之间，则表明该国产品在国际市场上具有较强的比较优势；若 RCA 大于 2.5，则表明该国产品在国际市场上具有极强的比较优势。

（二）东莞制造业比较优势变化状况分析

下面，我们将利用 RCA 指数对 2005—2013 年东莞制造业各产业比较优势的现状及其变动情况进行分析。

2005 年，东莞制造业中具有比较优势的产业按照 RCA 指标从大到小进行排列情况如下：通讯设备、计算机及其他电子设备制造业、电气机械及器材制造业、家具制造业、通用设备制造业、文教体育用品制造业、专用设备制造业、纺织业、纺织服装、鞋、帽制造业、金属制品业、塑料制品业、皮革、毛皮和羽毛（绒）及其制品业、造纸及纸制品业、非金属矿物制品业、交通运输设备制造业。这些行业的 RCA 值都大于 2.5，表明这些产业在国际市场上具有极强的比较优势。

2005 年，东莞制造业中具有比较劣势的产业主要有：饮料制造业、农副产品加工业、黑色金属冶炼及压延加工业、橡胶制品业、食品制造业、医药制造业。其中，饮料制造业、农副产品加工业的 RCA 值小于 0.25，属于东莞当时比较明显的劣势产业。

经过几年的发展，特别是逐步实行产业升级以来，东莞制造业各产业比较优势的状况发生了变化。2013 年制造业中具有比较优势的产业按照 RCA 指数从大到小排列情况如下：电气机械及器材制造业、通讯设备、计算机及其他电子设备制造业、家具制造业、通用设备制造业、专用设备制造业、文教体育用品制造业、纺织服装、鞋、帽制造业、金属制品业、纺织业、交通运输设备制造业、塑料制品业、皮革、毛皮和羽毛（绒）及其制品业、造纸及纸制品业、印刷业和记录媒介的复制、非金属矿物制品业。这些行业的 RCA 值都大于 2.5，属于东莞具有极强比较优势的行业。除此之外，工艺品及其他制造业、木材加工、化学原料及化学制品也是东莞当前具有比较优势的行业，其 RCA 值都大于 1。

与 2005 年相比，经过八年的发展，东莞具有比较优势的产业数量增加了，特别是代表高新技术产业的电气机械及器材制造业和通讯设备、计算机及其他电子设备制造业的比较优势进一步加强了，表明东莞制造业比较优势状况有了改善。

2013 年，具有明显劣势的产业主要有饮料制造业、医药制造业、农副产品加工业、食品制造业、橡胶制品业、黑色金属冶炼及压延加工业和化学纤维制造业。与 2005 年相比，化学纤维制造业由原来的比较优势行业变成了比较劣势行业。

应该说 2005—2013 年，东莞制造业的比较优势发生了不小的变化，下面我们就结合实际情况，分产业具体加以说明。

1. 极强比较优势产业分析

2005—2013 年，东莞制造业中一直具有极强比较优势的产业有电气机械及器材制造业、通讯设备、计算机及其他电子设备制造业、家具制造业、通用设备制造业、专用设备制造业、文教体育用品制造业、纺织服装、鞋、帽制造业、金属制品业、纺织业、交通运输设备制造业、塑料制品业、皮革、毛皮和羽毛（绒）及其制品业、造纸及纸制品业、非金属矿物制品业等。

但是，仔细分析这些产业，我们发现，交通运输设备制造业、电气机械及器材制造业、家具制造业的比较优势是不断地加强的。这三个产业的 RCA 值在 2005 年的时候分别为 3. 18、120. 97 和 56. 75，经过不断提升，到了 2013 年，RCA 值分别达到了 9. 52、140. 55 和 62. 67。这期间虽然受到 2008 年金融海啸的影响，但是这三个产业的出口增长还是比较迅猛，表明这些产业具有非常强的比较优势。

同时，我们发现，纺织业、塑料制品业、金属制品业、通用设备制造业、通讯设备、计算机及其他电子设备制造业虽然具有比较强的比较优势，但是这些年其比较优势是不断下降的。在 2005 年这些产业的 RCA 值分别为 15. 03、10. 38、13. 62、54. 33、156. 04，到了 2013 年，这些产业的 RCA 值分别降低到 10. 04、8. 84、12. 56、37. 74 和 129. 32，表明这些产业的竞争优势正在减弱，产业升级在这些产业亟待加强。

2. 比较优势变成比较劣势产业分析

2005 年至 2013 年，东莞制造业中还有部分产业从比较优势转变成比较劣势，这些产业是木材加业工、化学纤维制造业、仪器仪表及文化、办公用机械制造业。木材加工业在 2005 年的 RCA 值为 2.18，但是到 2013 年降低到 1.49。而化学纤维制造业的 RCA 值在 2005 年为 1.17，超过 1，处于中性比较优势，但是自此一直下降，到 2013 年，该产业的 RCA 值降到 0.78，成为完全劣势产业。仪器仪表及文化、办公用机械制造业的比较优势本来就不明显，在 2005 年，该产业的 RCA 值为 1.05，此后也是连续下降，到 2009 年降低到了 0.92，虽然 2013 年有所上升，达到了 1.02，但是仍然没有恢复到 2005 年的水平。

3. 比较优势改善产业分析

2005 年至 2013 年，印刷业和记录媒介业从较强比较优势产业转变成了极强比较优势产业。该产业在 2005 年的 RCA 值仅为 1.5，属于较强比较优势产业，到了 2009 年，该产业的 RCA 值达到了最高水平 5.19，受金融海啸的影响，2013 年有所降低，但是也达到了 4.88。该产业的比较优势状态得到了持续的改善。

4. 比较劣势产业分析

2005 年至 2013 年，东莞制造业中有一些产业一直处于比较劣势状态中。这些产业主要有：农副产品加工业、食品制造业、饮料制造业、医药制造业、橡胶制品业、黑色金属冶炼及压延加工业。

仔细观察这些产业，各产业之间又有所不同。橡胶制品业和黑色金属冶炼及压延加工业虽然是处于比较劣势的产业，但是其比较劣势的状态在不断改善。在 2005 年，这两个产业的 RCA 值分别为 0.35 和 0.33，经过几年的发展；到 2013 年，这两个产业的 RCA 值上升到了 0.44 和 0.74，比较优势状况得到了一定的改善。

相反，2005 年至 2013 年，饮料制造业、医药制造业的比较劣势状态却不断恶化。在 2005 年，这两个产业的 RCA 值分别为 0. 14、0. 53，以后几年，该值不断降低，到了 2013 年，降低到 0. 07 和 0. 12，表明这两个产业基本上没有什么竞争优势，亟待转型升级。

农副产品加工业、食品制造业这两个产业的比较劣势状况基本保持稳定，没有很大变化。在 2005 年，这两个产业的 RCA 值为 0. 22 和 0. 41，经过了几年的发展，RCA 值变化基本不大，到 2013 年分别达到了 0. 18 和 0. 40，表明这两个产业在东莞制造业出口中不具备比较优势的潜力或者潜力已经挖掘殆尽。

第三节　东莞制造业产业间比较优势要素禀赋分析

一、东莞制造业比较优势要素禀赋理论模型建构

目前理论界直接用来分析比较优势的理论模型还不多，通常的做法就是将比较优势指标值与产出联系起来，然后通过分析产出的影响因素，来分析比较优势指标的影响因素。比较不错的理论模型是柯布—道格拉斯函数。柯布—道格拉斯生产函数最初是美国数学家柯布（C. W. Cobb）和经济学家保罗·道格拉斯（Paul H. Douglas）共同提出的一种生产函数，更确切的说应该是通过引入技术资源这一因素在生产函数的一般形式上作出的改进的一种经济数学模型。下面，我们将改造柯布—道格拉斯生产函数，来分析制造业比较优势的要素禀赋。

由于外资的引入对东莞制造业的比较优势提升具有明显的作用，同时，技术因素是一个非常重要的影响因素，因此在分析制造业比较优势的要素禀赋问题时，我们将外资以及技术因素，引入到柯布—道格拉斯

函数中进行分析，具体形式如下：

$$RCA_{it} = AL_{it}^{\alpha}K_{it}^{\beta}F_{it}^{\gamma}P_{it}^{\delta}e^{\varepsilon_i t+u_i+\lambda_i} \quad (2.2)$$

其中，RCA、L、K、F、P 分别代表比较优势指标值、劳动投入量、资本投入量、外资的引入以及技术因素；i 表示制造业各行业，$i=1$，2，3……n；t 表示时间；A 为常数；α、β、γ、δ 分别表示劳动、资本、外资以及技术相对于比较优势的弹性；λ_t 表示时间效应，代表技术变化率；μ_i 表示非观测个体效应，是指每个产业所特有的不随时间而变化的未观测到的影响生产率的因素；ε_{it}为随机误差项。

对公式（2.2）两边取对数，可以得到

$$rca_{it} = a + \alpha l_{it} + \beta k_{it} + \gamma f_{it} + \delta p\ it + \lambda_t + \mu_i + \varepsilon_{it} \quad (2.3)$$

其中，rca、a、l、k、f、p 分别代表相应变量的对数形式。

下面，我们将用上述模型对东莞制造业比较优势要素禀赋进行计量经济学的实证分析。

二、东莞制造业产业间比较优势要素禀赋计量经济学分析

从要素禀赋角度看，东莞制造业的比较优势仍然表现在劳动要素上，但是近些年来，随着东莞产业转型和升级的开展，资本要素在比较优势中起到的作用也越来越大。利用上一小节的模型，结合东莞制造业的具体数据，可以对制造业产业间比较优势要素禀赋进行实证检验。

（一）数据说明与检验

1. 数据说明

为了更好地研究东莞制造业产业间比较优势要素禀赋，本书收集相关数据进行实证分析。

首先，为了处理数据方便，我们对 26 个制造业产业赋予不同符号。其中，农副产品加工业（NF）、食品制造业（SP）、饮料制造业（YL）、

纺织业（FZ）、纺织服装、鞋帽制造业（FX）、皮革、毛皮、羽毛（线）及其制品业（PG）、木材加工（MC）、家具制造业（JJ）、造纸及纸制品业（ZZ）、印刷业和记录媒介的复制（YS）、文教体育用品制造业（WJ）、化学原料及化学制品（HX）、医药制造业（YY）、化学纤维制造业（HQ）、橡胶制品业（XJ）、塑料制品业（SL）、非金属矿物制品业（FJ）、黑色金属冶炼及压延加工业（HJ）、金属制品业（JS）、通用设备制造业（TY）、专用设备制造业（ZY）、交通运输设备制造业（JT）、电气机械及器材制造业（DQ）、通讯设备、计算机及其他电子设备制造业（TX）、仪器仪表及文化、办公用机械制造业（YQ）、工艺品及其他制造业（GY）。

RCA：显示性比较优势指数，RCA 的具体数值是根据上一章东莞制造业各产业的比较优势数据计算所得。

（1）资本要素指标（K）。资本要素指标 =（各行业资产值/各行业资产值之和）×100。资产数据使用 2005—2013 年《东莞统计年鉴》按行业分全部国有及规模以上非国有工业企业资产总计统计值。

（2）劳动要素指标（L）。劳动要素指标 =（各行业职工人数值/各行业职工人数值之和）×100。职工人数数据使用 2005—2013 年《东莞统计年鉴》工业分行业职工人数统计值。

（3）外资比重指标（F）。外商比重指标可以表示成“三资”企业比重×100。“三资”企业比重是指按行业分“三资”工业企业工业总产值占按行业分全部国有及规模以上非国有工业企业工业总产值的比重，“三资”企业是指港、澳、台商投资企业和外资企业。相关数据来自 2005—2013 年度《东莞统计年鉴》统计值。

（4）技术指标（P）。技术指标使用全员劳动生产率数据表示。全员劳动生产率数据使用 2005—2013 年《东莞统计年鉴》按行业分全部国有及规模以上非国有工业企业全员劳动生产率统计值。

上述所有这些数据我们都使用对数加以处理。由于面板数据模型含有横截面、时间和指标值三维信息，因此，利用面板数据模型能够构造和检验比单独时间数列或者横截面数据更为真实的行为方程。因此，本书利用东莞制造业各行业2005—2013年的面板数据，全面分析东莞制造业各行业比较优势要素禀赋的情况。基本的面板模型如下：

$$rca_{it} = a + \alpha l_{it} + \beta k\ it + \gamma f_{it} + \delta p_{it} + \lambda_t + \mu_i + \varepsilon_{it} \tag{2.4}$$

其中 i 表示东莞制造业各产业，$t=1$，2，3…6 为年份。所有数据均来源于历年《东莞统计年鉴》、黄埔海关、UN COMTRADE 数据库及其他相关资料，所有数据均使用 eviews6. 0 加以处理。

2. 变量检验

在进行协整分析之前，我们采用 ADF 检验对上述变量进行平稳性检验。表2. 5 给出了各变量的单位根检验结果，可以看出各变量序列存在着单位根，且为 I（1）序列（一阶差分都在1%的显著水平下拒绝了单位根假设）。

表 2. 5　变量的单位根检验

变量	水平检验结果			一阶差分检验结果			临界水平	
	检验形式 C，T，L	ADF 统计	P 值	检验形式 C，T，L	ADF 统计	P 值	1%临界值	5%临界值
CRA?	0，0，0	0. 87	0. 89	（0，0，0）	-2. 69	0. 02 *	-2. 94	-2. 00
L?	1，1，1	-3. 45	0. 17	（1，1，1）	-6. 75	0. 00	-5. 84	-4. 25
K?	1，1，0	-1. 45	0. 75	（0，0，0）	-2. 78	0. 02 *	-2. 94	-2. 00
P?	0，0，0	-0. 44	0. 67	（0，0，0）	-3. 57	0. 00	-2. 89	-2. 00
F?	0，0，0	-1. 75	0. 17	（0，0，0）	-3. 28	0. 00	-2. 94	-2. 00

注：检验形式（C，T，L）分别代表截距、时间趋势和滞后阶数。滞后阶数是按照最小 AIC 准则并结合渐进 t 检验予以确定的。其中，* 表示在5%的显著水平下成立。

（二）模型检验与估计

1. 模型设定形式检验

面板数据模型的设定形式是否正确，直接关系到估计结果是否与经济现实一致。因此，我们需要检验被解释变量 CRA 的参数是否对所有个体样本点和时间都是常数，即检验样本数据究竟符合哪种面板模型形式，从而避免模型设定的偏差，改进参数估计的有效性。根据高铁梅（2006）提供的模型形式设定检验方法，我们分别计算两个 F 统计量：

$$F_2 = \frac{(S_3 - S_1)/[(N-1)(k+1)]}{S_1/[NT - N(k+1)]} \sim F[(N-1)(k+1), N(T-k-1)] \tag{2.5}$$

$$F_1 = \frac{(S_2 - S_1)/[(N-1)K]}{S_1/[NT - N(K+1)]} \sim F[(N-1)K, N(T-K-1)] \tag{2.6}$$

其中，N 表示横截面个体的个数。K 表示解释变量的个数，T 表示时间序列的长度，S_1 表示变系数模型的残差平方和，S_2 表示变截距模型的残差平方和，S_3 表示无个体影响的不变系数模型的残差平方和。根据上述公式计算，我们可以得到两个 F 统计量的值分别为：

$$F_2 = 84.57,\quad F_1 = 1.6819$$

查 F 分布表，在给定 5% 的显著水平下，得到相应的临界值为

$$F(125,\ 26) = 1.7466,\quad F(100,\ 26) = 1.7599$$

由于 $F_2 > 1.7466$，所以我们拒绝原假设，不能采取无个体影响的不变系数形式，又由于 $F_1 < 1.7599$，所以我们接受原假设，采取变截距形式，因此，模型采取变截距形式。

变系数面板模型根据截距项个体影响的不同，可以分为随机效应和固定效应两种情况，我们使用 Hausman 检验来对变量进行处理。Hausman

检验原假设认为应该建立随机效应模型，而备择假设是建立固定效应模型。我们利用上述变量进行 Hausman 检验，结果如下：

表 2.6　模型影响效果的 Hausman 检验

Test summary	Chi-Sq. Statistic	Chi-Sq. d. f	Prob.
Cross-section random	55. 34	4	0. 0000

从上表中，我们可以发现，该模型的 P 值为 0，小于 0. 05，我们拒绝原假设，应建立固定效应模型。

综合上述检验，本书回归模型就采取固定效应变截距面板模型。

2. 模型估计

本书将采用固定效应的变截距面板模型，对所有变量进行回归分析。在回归时，由于横截面个数与时间序列个数相差不大，这样不同截面可能存在着异方差现象，因此，在权数的选择上，我们使用按截面加权的方式。在估计方法上，我们采用面板校正标准误（PCSE）方法。结果如表 2. 7 所示。

表 2.7　模型估计结果

Variable	Coefficient	Std. Error	t-Statistic	Prob.
C	25. 72395	2. 398695	10. 72414	0. 0000000
K?	-0. 568419	0. 532250	-1. 067957	0. 4778877
L?	3. 398292	0. 509807	6. 665837	0. 0000000
F?	1. 244893	0. 555554	2. 240813	0. 0269269
P?	-0. 048802	0. 242701	-0. 201377	0. 8411410

Fixed Effects（cross）	Coefficient	Fixed Effects（Period）	Coefficient
_NF—C	-27. 54805	2005—C	0. 263962
_SP—C	-25. 17008	2006—C	0. 295361

续表

Fixed Effects（cross）	Coefficient	Fixed Effects（Period）	Coefficient
_YL—C	-27.64507	2007—C	0.303457
_FZ—C	-3.779863	2008—C	0.316082
_FX—C	5.217096	2009—C	-0.477727
_PG—C	9.812667	2013—C	-0.257944
_MC—C	-22.86516		
_JJ—C	41.42971		
_ZZ—C	-21.77799		
_YS—C	-19.69014		
_WJ—C	16.23610		
_HX—C	-25.74329		
_YY—C	-25.04462		
_HQ—C	-24.67416		
_XJ—C	-22.53246		
_SL—C	-0.815040		
_FJ—C	-20.07472		
_HJ—C	-25.55981		
_JS—C	-6.381392		
_TY—C	19.16255		
_ZY—C	-2.534585		
_JT—C	-19.59980		
_DQ—C	126.6069		
_TX—C	146.4396		
_YQ—C	-21.97703		
_GY—C	-21.49133		
修正的 R^2	0.992356	D-W 统计量	2.038227
回归标准差	3.316092	F 统计量	592.8563

（三）计量分析结果

从表 2.7 计量分析结果中，我们可以有以下结论：

1. 东莞制造业各产业的比较优势与劳动、外资正相关，而与资本负相关，与技术水平负相关，但是不是很显著

东莞制造业各产业的比较优势与劳动的投入正相关，劳动投入每增长 1%，各产业的比较优势就增长将近 3.4%，这表明劳动要素优势仍是东莞制造业当前参与国际分工的基础，劳动密集型产业仍是东莞制造业中的比较优势行业。

与劳动要素对比较优势显著相关相比，资本在对东莞制造业各产业的比较优势中所起的作用却不是很显著，而且方向也为负。26 个产业的总资本规模每增长 1%，就会导致 RCA 降低 0.57%。这与传统经济理论不太符合，究其原因，我们认为，由于国家经济安全、产业特征以及经济发展规划等因素影响，产业资本积累的规模与产业出口贸易额之间存在着一定的错位，这种错位在很大程度上导致了各产业资本积累对产业 RCA 影响不显著且方向为负。

东莞利用外资的数额与各产业 RCA 的提升具有非常显著的影响。各产业利用外资每增加 1%，就会导致 RCA 提升 1.24%，这表明了外资的注入对于东莞这种出口导向型经济具有非常重要的提升作用，东莞经济发展这么多年，外资的利用无疑具有很重要的作用。但是随着东莞经济的不断转型，外资在某些产业对内资的挤出效应也在加大，如何在充分利用外资的基础上尽可能地限制外资的挤出效应可能是东莞在未来几年内要考虑的问题。

与资本不显著一样，技术因素对东莞制造业各产业的比较优势的影响是负的，而且是不显著的，这可能与东莞“三来一补”的加工贸易模式有关。众所周知，加工贸易主要依靠低廉的劳动力生产低附加值的产

品，在产业链条上处于末端，从本质上讲，这些产品的技术含量比较低，因此，技术因素对各产业比较优势不显著也是情理之中，未来东莞应该在产品的技术含量上多做文章，归根结底就是要实现产业的转型升级。

2. 各产业对比较优势具有不同的固定影响，但是差异很大

从各产业对比较优势的固定影响中可以看到，制造业不同产业的固定影响是不同的，其中，通讯设备、计算机及其他电子设备制造业影响最大，其次是电气机械及器材制造业，这两个产业也是东莞制造业出口比较大的行业。产业因素影响最小的是农副产品加工业。

3. 金融海啸对东莞制造业各产业比较优势的影响也很大

从时期的固定影响中，我们可以看到，从2005年东莞实施科技东莞工程，大力提倡转型升级以来，每年的比较优势都有提升，从2005年的0.26提升到2008年的0.31。但是，2009年源自美国的金融海啸影响了东莞各产业的比较优势，2009年降到－0.48。2013年，虽然金融海啸已经过去，但是世界经济仍然具有很大的不确定性，东莞这种出口导向的发展模式仍然受到影响，2013年的时期影响虽然较2009年有所提升，但是仍然是负的。时期影响表明，东莞这种加工贸易发展模式非常容易受外来经济的影响和冲击，为了提升自身实力，防止金融危机，维护自身经济的安全，确保经济的可持续发展，东莞经济特别是东莞制造业各行业应该加快转型升级。

第四节　东莞制造业产业内贸易情况分析

各国参与国际市场分工除了有产业间分工，还有产业内的分工。东莞制造业各行业产业间存在着比较优势或者比较劣势，只是程度上存在着不同。以加工贸易为主体的东莞制造业各产业产业间的比较优势主要

体现在劳动密集程度上。那么制造业各产业产业内的贸易情况怎么样呢？为了更全面了解东莞制造业比较优势，我们在本章中进一步探讨东莞制造业产业内的比较优势及其要素禀赋问题。

一、产业内贸易理论及其制造业产业内贸易指标的建构

产业内贸易理论，是国际经济学界完全有别于传统国际贸易理论的一种新理论。传统的国际贸易理论主要是针对国与国、劳动生产率差别较大的和不同产业之间的贸易。而产业内贸易理论主要是针对国际贸易中发生在发达国家之间，且既进口又出口同类产品的贸易①。这种理论是以不完全竞争的市场结构和规模经济的存在为假设前提，它认为，贸易可能是规模经济或收益递增的结果，在不完全的竞争市场上，国家之间即使不存在资源禀赋、技术水平的差异或者差异很小，也完全可以因为需求偏好、规模经济或者产品差异诱发各国追求生产的专业化和从事国际贸易。该理论有其特有的理论前提和相应的理论解释，并对产品的同质性、异质性以及产业内贸易现象进行解释。该理论还提出了产业内贸易指数的计算方式。

该理论的假设前提是从静态出发进行分析的；分析不以完全竞争（垄断竞争）市场，而以非完全竞争市场为前提（过去的贸易指数理论的前提大多为完全竞争市场）；经济中具有规模收益；在分析中要考虑需求不相同与相同的情况②。产业内贸易理论要求的产业必须具备两个条件：一是生产投入要素相近，二是产品在用途上可以相互替代。符合上述条件的产品可以分为两类：同质产品和异质产品，也称作相同产品或差异产品。

同质产品通常属于产业间贸易，但由于市场区位、市场时间等的不

① 成宪、韦金鸾、应诚敏：《国际贸易理论与实务》，高等教育出版社2009年版。
② 喻志军：《产业内贸易研究》，企业管理出版社2009年版。

同，也会发生产业内贸易。两国边境大宗产品的交叉型产业内贸易、季节性贸易、大量的转口贸易、相互倾销、政府的外贸政策以及跨国公司的内部贸易都可能形成产业内贸易。异质产品的发生一般都是产业内贸易。不同类型的差异产品引起的产业内贸易也不相同，因此，异质产品又可以具体分为水平差异产品、技术差异产品和垂直差异产品。

衡量产业内贸易指数的指标很多，但是文献中经常使用的是产业内贸易指数。产业内贸易指数是巴拉萨（B. Balassa）首先提出的。该指数是用来测度一个产业的产业内贸易程度的指数，是指相同产业的两个国家互有不同质量的贸易往来，在统计数据上则显示的是同一类同时存在进出口的商品数额，这表明这两个国家在该产业上有着互补性的贸易需求。该指数具体表述为：

$$IIT_1 = 1 - \frac{|X_i - M_i|}{X_i + M_i} \tag{2.6}$$

其中，IIT_i 表示产业 i 的产业内贸易指数，X_i 表示产业 i 的出口额，M_i 表示产业 i 的进口额。

由于公式（2.6）仅仅就一个产业的产业内贸易情况进行分析，还不能够对产业内贸易的综合情况进行分析，我们可以在公式（2.6）的基础上进行扩展，具体公式如下：

$$IIT = 1 - \frac{\sum |X_i - M_i|}{\sum (X_i + M_i)} \tag{2.7}$$

其中的 IIT 表示产业内贸易综合指数，其他指标与公式（2.6）相同。

下面，我们就利用上述公式对东莞制造业各产业产业内贸易情况进行分析。

二、东莞制造业各产业产业内贸易情况分析

首先，我们先看东莞制造业 2005—2013 年产业内贸易的总体情况，

这九年来，东莞制造业各产业的产业内贸易的综合指数变化基本稳定，大体在 65.30%—71.6% 之间浮动。其中，2005 年的比重为 67.67%，2006 年有所降低，为 65.30%，此后的几年，贸易综合指数不断升高，2013 年达到了最高值，为 71.60%。

如果简单地以 50% 作为区别产业内贸易活动和产业间贸易活动的分界线①。东莞制造业各年度从事产业内贸易活动行业的贸易额占制造业进出口总额的比重也一直处于高位水平。这说明产业内贸易活动在东莞制造业已占有相对较高的份额，东莞制造业参与产业内国际分工的程度在加深。

其次，我们在分产业具体看看制造业各产业产业内贸易的情况。我们发现，东莞制造业各产业间在产业内贸易指数存在较大差异。一些产业产业内贸易指数不断上升，还有一些产业产业内贸易指数不断下降。产业内贸易指数上升的产业有：纺织业、家具制造业、化学纤维制造业、黑色金属冶炼及压延加工业、专用设备制造业、电气机械及器材制造业和通讯设备、计算机及其他电子设备制造业等。以通讯设备、计算机及其他电子设备制造业为例，该产业在 2006—2013 年产业内贸易比重非常高，2005 年比重为 82.49%，2013 年竟然达到了 93.47%。该产业几乎完全成为了参与产业内分工与贸易为主的行业。

产业内贸易指数下降的产业包括：农副产品加工业、印刷业和记录媒介的复制、文教体育用品制造业、交通运输设备制造业等。以交通运输设备制造业为例，该产业在 2005 年产业内贸易指数达到 50.65%，是以参与产业内分工和贸易为主的行业，但是之后就不断降低，2013 年贸易指数降低到 14.47%。从而变成为以参与产业间分工与贸易为主的产业。

其他的产业，如食品制造业、木材加工、造纸及纸制品业、橡胶制品业等，产业内贸易指数在一定的区间内波动，但是没有明确的变化方向。

---

① 高敬峰在其博士论文中用过这种方法进行区别。参见高敬峰：《中国制造业比较优势与产业结构升级研究》，山东大学博士论文，2008 年 5 月。

三、东莞制造业各产业产业内贸易比较优势分析

众所周知，产业内贸易指一个国家或地区，在一段时间内，同一产业部门产品既进口又出口的现象。造成这种现象的原因很多，差异性产品是其中最主要的原因。而差异性产品又有水平差异、垂直差异和技术差异之分。考虑到东莞制造业的现状，我们在分析东莞制造业各产业产业内贸易时，重点考察各产业产品的水平差异和垂直差异。为了分析方便，我们主要使用 Greenaway、Hine 和 Milner（1994，1995）以及 Greenaway 和 Torstensson（1997）等所采用的进出口单价比较法来区分东莞制造业产业内贸易中的产品异质性特征，以此来分析东莞制造业各产业产业内贸易的比较优势。

进出口单价比较法计算公式如下：

$$\frac{P^j}{P^j_X} = \sum\left(\frac{X_{ij} + M_{ij}}{X_j + M_j} \cdot \frac{P^{ij}_M}{P^{ij}_X}\right) \tag{2.8}$$

其中，M 表示为进口额，X 表示出口额，P_M 和 P_X 分别表示产品或者行业进出口价格，j 代表计算进出口比价的行业，i 表示 j 产业下的贸易单位。公式要求 $\sum_i \frac{X_{ij} + M_{ij}}{X_j + M_j} = 1$。

如果进出口单价的比值符合 $1-\alpha \leqslant \frac{P^j_M}{P^j_X} \leqslant 1+\alpha$，那么就可以认为产业 j 是水平型产业内贸易。如果进出口单价的比值符合 $\frac{P^j_M}{P^j_X} < 1-\alpha$ 或者 $\frac{P^j_M}{P^j_X} > 1+\alpha$，那么就可以认为产业 j 是垂直型产业贸易。

这里涉及到 α 的取值问题[①]，Greenaway、Hine 和 Milner（1994，

① 该临界值的选取有一定的任意性，其中包含了价格的正常波动和进口使用 CIF 口径统计与出口使用 FOB 口径统计的差别。

1995）以及 Greenaway 和 Torstensson（1997）在分析英国产业内贸易时，将 α 的取值定为 0.15 和 0.25。本书的选取主要针对东莞制造业的特点采用每件物品单价计算，将 α 的取值定为 0.15。

表 2.8　制造业典型产业产业内贸易指数及其贸易额比重

年份	通讯设备、计算机及其他电子设备制造业		通用设备制造业		电气机械及器材制造业		纺织业	
	该产业产业内贸易指数（%）	该产业进出口额占当年进出口总额的比重（%）	该产业产业内贸易指数（%）	该产业进出口额占当年进出口总额的比重（%）	该产业产业内贸易指数（%）	该产业进出口额占当年进出口总额的比重（%）	该产业产业内贸易指数（%）	该产业进出口额占当年进出口总额的比重（%）
2005	82.49	22.89	54.15	12.75	88.64	27.36	88.33	2.74
2006	84.36	22.96	50.82	12.30	85.46	27.41	90.50	2.67
2007	84.07	25.41	62.11	9.87	80.32	30.86	95.81	2.10
2008	87.40	25.39	56.63	9.77	82.47	31.51	96.00	1.70
2009	90.68	25.40	49.70	9.56	86.76	31.50	97.00	1.85
2013	93.47	25.26	58.78	9.87	87.94	31.97	96.88	1.61

资料来源：根据历年《东莞统计年鉴》、黄埔海关统计资料及其他相关数据整理所得。

受到数据搜集的限制，以及东莞制造业各产业产业内贸易水平差异性很大的特点，我们根据一些条件选取一些典型产业来区分各产业产品的异质性特征及其比较优势。主要有两个条件：（1）在 2005—2013 年整个的考察期间内，该产业具有较高的产业内贸易指数；（2）该产业的贸易额也很高。符合这两个条件的产业主要有：纺织业、通用设备制造业、电气机械及器材制造业、通讯设备、计算机及其他电子设备制造业。

同时，基于四个产业进出口的基本情况，这四个产业的进出口单价我们根据历年《东莞统计年鉴》及其他相关资料中的主要商品进出口数量和金额进行整理加以汇总而得。

下面是本书将根据上述公式及其计算方法对2005—2013年这四个典型性产业的进出口比价进行计算，具体情况如表2.9所示。

表2.9　东莞制造业典型产业进出口比价情况

产业 \ 年份	2005	2006	2007	2008	2009	2013
通讯设备、计算机及其他电子设备制造业	52.23	53.25	48.32	50.23	62.31	60.25
通用设备制造业	28.21	24.52	26.32	27.21	32.31	30.15
电气机械及器材制造业	15.45	14.24	17.52	17.63	20.58	19.53
纺织业	1.05	1.01	0.89	1.02	1.15	1.10

资料来源：根据历年《东莞统计年鉴》、黄埔海关统计资料及其他相关资料整理所得。

从表2.9可以发现，除了纺织业进出口比价在［0.85，1.15］之间，符合水平型产业内贸易外，其他三个产业的进出口比价都大于1.15，属于垂直型产业内贸易。同时，我们发现这些产业的进口单价远远大于出口单价，表明东莞制造业主要从事垂直型产业内贸易，主要出口低质量低价格的产品，进口高质量高价格的产品。

四、东莞制造业产业内贸易比较优势的要素禀赋特征

上一节的分析告诉我们，东莞制造业各产业产业内贸易主要是在劳动要素上发挥优势的垂直型产业内贸易。在本节，我们主要是检验要素禀赋比较优势特征对东莞制造业产业内贸易的影响。我们主要针对制造业各产业产业内贸易特点，利用跨行业的研究方法，对制造业各产业产业内贸易与资本/劳动比例、外资要素等进行回归分析，以检验这些变量与东莞制造业产业内贸易的相关程度。

准备检验的模型形式如下：

$$\ln IIT_n = \beta_0 + \beta_1 \ln(Z_n) + \beta_2 \ln(FDI_n) + \varepsilon_n \tag{2.9}$$

其中，IIT_n 表示不同年度东莞制造业各产业的产业内贸易指数指标；Z_n 表示资本/劳动比例，即各产业资产值与职工人数值之比；FDI_n 表示外资比重；$n=2005$，2006，2007，2008，2009，2013。所有数据均使用eviews6.0 加以处理。

1. 变量检验

在进行回归分析之前，我们仍然要对上述变量进行平稳性检验。表2.10 给出了各变量的单位根检验结果，可以看出各变量序列存在着单位根，且为I（1）序列（一阶差分都在1%的显著水平下拒绝了单位根假设）。

表 2.10　变量的单位根检验

变量	水平检验结果			一阶差分检验结果			临界水平	
	检验形式 C，T，L	ADF 统计	P 值	检验形式 C，T，L	ADF 统计	P 值	1% 临界值	5% 临界值
ln（IIT）	0，0，0	0.87	0.89	(0，0，0)	−2.69	0.02 *	−2.94	−2.00
ln（Z）	1，1，1	−3.45	0.17	(1，1，1)	−6.75	0.00	−5.84	−4.25
ln（FDI）	1，1，0	−1.45	0.75	(0，0，0)	−2.78	0.02 *	−2.94	−2.00

注：检验形式（C，T，L）分别代表截距、时间趋势和滞后阶数。滞后阶数是按照最小 AIC 准则并结合渐进 t 检验予以确定的。其中，* 表示在5%的显著水平下成立。

2. 模型设定形式检验

我们分别计算两个 F 统计量来确定模型设定的形式：

$$F_2 = \frac{(S_3 - S_1)/[(N-1)(k+1)]}{S_1/[NT - N(k+1)]} \sim F[(N-1)(k+1), N(T-k-1)] \tag{2.10}$$

$$F_1 = \frac{(S_2 - S_1)/[(N-1)K]}{S_1/[NT - N(K+1)]} \sim F[(N-1)K, N(T-K-1)] \tag{2.11}$$

其中，N 表示横截面个体的个数（26）。K 表示解释变量的个数（2），T 表示时间序列的长度（6），S_1 表示变系数模型的残差平方和，S_2 表示变截距模型的残差平方和，S_3 表示无个体影响的不变系数模型的残差平方和。

根据上述公式计算，我们可以得到两个 F 统计量的值分别为：

$$F_2 = 34.35，F_1 = 1.6074$$

查 F 分布表，在给定 5% 的显著水平下，得到相应的临界值为

$$F（75，78）= 1.4589，F（50，78）= 1.5120$$

由于 $F_2 > 1.4589$，所以我们拒绝原假设，不能采取无个体影响的不变系数形式，又由于 $F_1 > 1.5120$，所以我们拒绝原假设，采取变系数形式，因此，模型采取变系数形式。

我们使用 Hausman 检验来对变量进行处理。利用上述变量进行 Hausman 检验，结果如下：

表 2.11　模型影响效果的 Hausman 检验

Test summary	Chi-Sq. Statistic	Chi-Sq. d. f	Prob.
Cross-section random	3.102885	2	0.0223

从上表中，可以发现，该模型的 P 值为 0.0213，小于 0.05，我们拒绝原假设，应建立固定效应模型。

综合上述检验，本书回归模型就采取固定效应变系数面板模型。

3. 模型估计

本书将采用固定效应的变系数面板模型，对所有变量进行回归分析。

在回归时，由于横截面个数与时间序列个数相差不大，这样不同截面可能存在着异方差现象，因此，在权数的选择上，我们使用按截面加权的方式。在估计方法上，我们采用面板校正标准误（PCSE）方法。结果如表 2. 12 所示。

表 2. 12　模型估计结果

变量	系数	标准误	T 检验	P 值
C	-1. 2237	0. 0720	-16. 9894	0. 0000
_NF—lnZ _NF	-0. 3373	0. 1848	-1. 8248	0. 0719
_SP—lnZ _SP	1. 3522	1. 2355	1. 0944	0. 2771
_YL—lnZ _YL	-1. 8205	0. 3103	-5. 8678	0. 0000
_FZ—lnZ _FZ	-0. 2412	0. 0252	-9. 5846	0. 0000
_FX—lnZ _FX	0. 1359	0. 3132	0. 4338	0. 6656
_PG—lnZ _PG	-0. 6346	0. 1177	-5. 3909	0. 0000
_MC—lnZ _MC	-1. 0198	0. 1435	-7. 1048	0. 0000
_JJ—lnZ _JJ	12. 3757	1. 2813	9. 6584	0. 0000
_ZZ—lnZ _ZZ	-0. 3678	0. 1246	-2. 9515	0. 0042
_YS—lnZ _YS	1. 2200	1. 4136	0. 8631	0. 3907
_WJ—lnZ _WJ	-0. 1416	0. 7671	-0. 1847	0. 8540
_HX—lnZ _HX	-0. 1731	0. 1384	-1. 2508	0. 2148
_YY—lnZ _YY	1. 4592	0. 1680	8. 6848	0. 0000
_HQ—lnZ _HQ	-0. 0609	0. 0753	-0. 8081	0. 4215
_XJ—lnZ _XJ	0. 0011	0. 0583	0. 0183	0. 9855
_SL—lnZ _SL	0. 0126	0. 0055	2. 2754	0. 0256
_FJ—lnZ _FJ	-0. 2116	0. 1321	-1. 6023	0. 1131
_HJ—lnZ _HJ	-0. 9051	0. 3421	-2. 6454	0. 0099
_JS—lnZ _JS	0. 2717	0. 1502	1. 8088	0. 0743
_TY—lnZ _TY	0. 6146	0. 1083	5. 6758	0. 0000
_ZY—lnZ _ZY	-0. 0979	0. 0731	-1. 3402	0. 1841

续表

变量	系数	标准误	T 检验	P 值
_JT—lnZ _JT	0. 6796	0. 3563	1. 9073	0. 0602
_DQ—lnZ _DQ	0. 2484	0. 0240	10. 3618	0. 0000
_TX—lnZ _TX	0. 4076	0. 0357	11. 4085	0. 0000
_YQ—lnZ _YQ	0. 1134	0. 0407	2. 7859	0. 0067
_GY—lnZ _GY	1. 9951	0. 2587	7. 7118	0. 0000
_NF—lnFDI _NF	0. 8809	0. 1877	4. 6926	0. 0000
_SP—lnFDI _SP	-0. 9300	0. 6988	-1. 3308	0. 1871
_YL—lnFDI _YL	-0. 6140	0. 3238	-1. 8962	0. 0616
_FZ—lnFDI _FZ	0. 2083	0. 0108	19. 3006	0. 0000
_FX—lnFDI _FX	2. 0731	0. 4258	4. 8690	0. 0000
_PG—lnFDI _PG	0. 4171	0. 0876	4. 7606	0. 0000
_MC—lnFDI _MC	0. 5891	0. 0701	8. 4045	0. 0000
_JJ—lnFDI _JJ	2. 2492	0. 3381	6. 6528	0. 0000
_ZZ—lnFDI _ZZ	-0. 0363	0. 1561	-0. 2326	0. 8167
_YS—lnFDI _YS	2. 9763	0. 9258	3. 2147	0. 0019
_WJ—lnFDI _WJ	3. 4258	0. 6458	5. 3047	0. 0000
_HX—lnFDI _HX	0. 2867	0. 1150	2. 4931	0. 0148
_YY—lnFDI _YY	0. 5712	0. 1503	3. 8015	0. 0003
_HQ—lnFDI _HQ	0. 0563	0. 0206	2. 7292	0. 0078
_XJ—lnFDI _XJ	0. 3451	0. 0281	12. 2614	0. 0000
_SL—lnFDI _SL	-0. 0033	0. 0136	-0. 2452	0. 8069
_FJ—lnFDI _FJ	-0. 0401	0. 1235	-0. 3245	0. 7464
_HJ—lnFDI _HJ	1. 4751	0. 3582	4. 1184	0. 0001
_JS—lnFDI _JS	0. 2350	0. 0238	9. 8714	0. 0000
_TY—lnFDI _TY	0. 2582	0. 0399	6. 4764	0. 0000
_ZY—lnFDI _ZY	1. 1105	0. 0440	25. 2563	0. 0000
_JT—lnFDI _JT	1. 1718	0. 2601	4. 5061	0. 0000
_DQ—lnFDI _DQ	0. 2178	0. 0167	13. 0287	0. 0000

续表

变量	系数	标准误	T 检验	P 值
_TX—lnFDI _TX	0.2835	0.0437	6.4848	0.0000
_YQ—lnFDI _YQ	0.4860	0.0716	6.7855	0.0000
_GY—lnFDI _GY	0.3956	0.0726	5.4524	0.0000

从表 2.12 中，我们可以看出：

（1）东莞制造业产业内贸易活动主要发生在资本相对密集的产业。这可以从资本劳动比对产业内贸易指数的影响中可以看出，26 个产业中共有 14 个产业的资本劳动比在 5% 的显著水平下明显对产业内贸易指数有影响。而仔细分析这 14 个产业，可以发现，家具制造业（JJ）、医药制造业（YY）、塑料制品业（SL）、通用设备制造业（TY）、电气机械及器材制造业（DQ）、通讯设备、计算机及其他电子设备制造业（TX）、仪器仪表及文化、办公用机械制造业（YQ）、工艺品及其他制造业（GY）等 8 个产业的资本劳动比（Z）与各自的产业内贸易指数呈正相关，而这 8 个产业正属于东莞制造业中的资本相对密集的行业。而饮料制造业（YL）、纺织业（FZ）、皮革、毛皮、羽毛（绒）及其制品业（PG）、木材加工（MC）、造纸及纸制品业（ZZ）、黑色金属冶炼及压延加工业（HJ）等 6 个产业的资本劳动比（Z）与各自产业内贸易指数呈负相关，而这些产业属于东莞制造业劳动相对密集的产业。由此，表明，东莞制造业产业内贸易活动主要发生在资本相对密集的产业中。

具体分析这 8 个资本相对密集的产业，我们发现，家具制造业的资本劳动比对该产业的产业内贸易指数的影响最大，资本劳动比每增加 1%，家具制造业的产业内贸易指数就会增加 12.38%。其次是工艺品及其他制造业，该行业的资本劳动比每增加 1%，产业内贸易指数就会增加约 2%。影响最小的行业是塑料制品业，资本劳动比每增加 1%，该产业的产业内贸易仅仅增加 0.01%。

6个劳动密集型产业中，饮料制造业（YL）的资本劳动比对产业内贸易的影响最大，资本劳动比每增加1%就会导致该行业的产业内贸易指数降低1.82%。而影响最小的产业是纺织业，资本劳动比每增加1%就会导致该产业的产业内贸易指数降低0.24%。

除掉这14个产业，其余的产业受数据的影响以及各种其他因素的影响在5%的显著水平下，资本劳动比对产业内贸易指数的影响都不显著。

（2）外资对东莞制造业大部分产业的产业内贸易活动具有正的影响，对26个产业中21个产业的影响是显著的。从这21个产业的影响系数中，我们可以看到，受影响最大的产业是文教体育用品制造业（WJ），外资流入每增加1%，该产业的产业内贸易指数就增长3.43%。影响最小的产业是化学纤维制造业，外资流入每增加1%，该产业的产业内贸易指数仅增长0.06%。这在一定程度上也表明了外资对东莞制造业的发展具有很大的推动作用。

（3）东莞制造业产业内贸易主要以垂直型贸易为主的。众所周知，产业内贸易活动主要是以产品的异质性为基础的，资本密集型行业产品异质性要强于劳动密集型。上一节的分析表明，东莞制造业各产业产业内贸易的产品异质性主要是垂直型的，而本节的分析则表明发生在东莞制造业的各行业产业内贸易主要发生在资本密集型产业内。这样，我们就可以得出一个结论：东莞制造业各产业产业内贸易主要是发生在资本密集型产业的，是以产品垂直型贸易为主的。但是比较优势的基础仍然是劳动密集型。

应该说，在垂直型产业贸易内，工资水平较低的国家在生产低质量产品上具有比较优势，工资水平较高的国家在生产高质量产品上具有比较优势，由此产生的产业内贸易活动显然是以比较优势为基础的（Falvey，Kierzkowsk 1987）。众所周知，大量的农民工涌入使得东莞劳动力资源非常丰富，由此，东莞制造业在劳动密集型产业上具有较强的比较优势，这样的话，我们完全可以认为，东莞制造业产业内贸易具备比较优势的特征，东莞在劳动要素上的优势是发生产业内贸易的重要基础。但是这种以劳动密集型产业为特征的比较优势为东莞的产业转型和升级带来了巨大的压力。

第五节　小　结

本章主要是针对东莞制造业产业间的比较优势及其要素禀赋进行研究。东莞制造业得发展现状使得我们看到了东莞这种加工贸易的格局在极大地促进东莞经济迅猛发展的同时，其发展中的弊端也逐渐显露出来，特别是制造业表现得非常明显。东莞制造业产业间转型升级迫在眉睫。

本章先是利用2005—2013年东莞制造业的相关数据计算出了东莞制造业产业间比较优势的指标。这些指标显示电气机械及器材制造业、通讯设备、计算机及其他电子设备制造业、家具制造业、通用设备制造业、专用设备制造业、文教体育用品制造业、纺织服装、鞋、帽制造业、金属制品业、纺织业、交通运输设备制造业、塑料制品业、皮革、毛皮和羽毛（线）及其制品业、造纸及纸制品业、印刷业和记录媒介的复制、非金属矿物制品业等产业属于东莞具有极强比较优势的产业。而饮料制造业、医药制造业、农副产品加工业、食品制造业、橡胶制品业、黑色金属冶炼及压延加工业和化学纤维制造业属于比较劣势产业。

利用柯布—道格拉斯生产函数进行对东莞制造业产业间比较优势的要素禀赋进行研究表明，东莞制造业各产业的比较优势与劳动、外资正相关，而与资本负相关，与技术水平负相关，但不是很显著。各产业对比较优势具有不同的固定影响，但是差异很大。金融海啸对东莞制造业各产业比较优势的影响也很大。

除此之外，本章还研究了东莞制造业产业内比较优势及其要素禀赋特征。作者根据产业内贸易理论理论计算了东莞制造业各产业产业内贸易指数，2005—2013 年东莞制造业各产业的产业内贸易指数存在较大差异。一些产业产业内贸易指数不断上升，还有一些产业产业内贸易指数不断下降。产业内贸易指数上升的产业有：纺织业、家具制造业、化学纤维制造业、黑色金属冶炼及压延加工业、专用设备制造业、电气机械及器材制造业和通讯设备、计算机及其他电子设备制造业。产业内贸易指数下降的产业包括：农副产品加工业、印刷业和记录媒介的复制、文教体育用品制造业、交通运输设备制造业等该指数表明产业内贸易活动在东莞制造业已占有相对较高的份额，东莞制造业参与产业内国际分工的程度在加深。

本章还使用 Greenaway、Hine 和 Milner（1994，1995）以及 Greenaway 和 Torstensson（1997）等所采用的进出口单价比较法来区分东莞制造业产业内贸易中的产品异质性特征，以此来分析东莞制造业各产业产业内贸易的比较优势。结果表明东莞制造业主要从事垂直型产业内贸易，主要出口低质量低价格的产品，进口高质量高价格的产品。

最后，本章对东莞制造业产业内贸易比较优势的要素禀赋特征进行了分析，结果表明，东莞制造业产业内贸易活动主要发生在资本相对密集的行业；外资对制造业产业内贸易的影响是正的，且关系较为显著；东莞制造业产业内贸易主要以垂直型贸易为主。

第三章　东莞制造业产业关联分析
——以十大支柱性产业为例

上一章主要从比较优势及其产业的要素禀赋角度对东莞制造业各产业进行了分析。众所周知，产业之间的联系是复杂的，不仅仅涉及到产业内，也涉及到产业间。为了更好地分析东莞制造业的产业转型升级，有必要利用投入产出分析法对东莞制造业产业关联度进行分析。

本章主要以十大支柱性产业为例，通过投入产出分析探析东莞制造业产业关联度，为东莞制造业的转型升级提供支撑。本章的大致结构如下：第一节主要论述了有关产业关联理论；第二节则主要分析了东莞十大支柱性产业选择理论；第三节对东莞十大支柱产业投入产出情况进行分析；第四节则将东莞十大支柱产业投入产出情况与苏州进行比较；第五节主要是对东莞十大支柱产业关联度进行分析；第六节对本章进行总结。

第一节　产业关联理论概述

一、产业关联的含义

（一）产业关联的内涵

随着对产业结构研究的逐渐深入，不少学者对产业关联开始展开研究。产业关联理论主要是将产业结构间广泛而复杂的联系作为研究对象，从而为相关部门制定产业政策、确定产业发展方向提供支持。

国民经济体系中的任一产业都有自己的投入品和产出品，不同产业之间是相互关联的，而这些产业的投入品和产出品大都需要其他产业为其提供或使用，否则这些投入品或产出品的存在就没有意义和价值。产业并不是一个单独的经济体，因此不能孤立地看待产业部门，而需要将它们联系起来分析和研究，这便是产业关联的现实基础。具体来说，产业关联是指某一产业所发生的经济活动，通过复杂而密切的产业间产量和技术等变化的关联活动效应，给其他产业带来影响，也即产业间通过各种投入品和产出品为连接纽带而形成的某种联系，也即是某产业与前向、后向和旁侧关联关系的其他产业间的相互联系。而在日常的经济活动中，产业间的相互联系则表现为产业间相互制约、相互促进的关系。比如某产业通过采用扩大生产规模或者利用高新技术，从而获得了突破性的发展，这样就会从前向、后向和旁侧来带动与其相关的各个产业的协调发展。即产业关联就是指产业与相关产业之间通过某种形式的相互作用和相互影响已达到本产业自身发展且同时带动其他产业相互发展的一种经济合作形式。

（二）产业关联的方式

产业关联方式是产业经济学中的一个概念，是指不同产业部门之间发生某种联系的基础。产业关联的方式划分为前向关联、后向关联和旁侧关联这三种类型。1858 年，著名学者赫希曼提出，不同产业间的前向关联、后向关联以及旁侧关联会在关联效应较高的产业中产生，并借助依次扩散的方式来影响与之相关的其他产业部门，进而对整个区域经济的发展有促进作用。实际上，在现实经济运行中，我们也不难看到，行业与行业、产业与产业之间通过人才联系、技术联系等方式，在聚集效应以及乘数效应的作用下，带动区域内相关产业的发展，从而带动整个区域的经济发展。

（1）前向关联是通过发生供给活动使某产业与其他产业产生联系，即某产业在生产产品或提供服务之前，其他产业为该产业提供原料、燃料、资金、人力以及生产设备、生产厂房等而产生的部门之间的关联。比如在市场经济中，快递产业的产出——快递服务，要为电子商务业服务，因此快递产业是电子商务业的前向关联产业。

（2）后向关联是指再生产过程中，其他产业部门会向某产业提供必要的投入品，通过需求关系使产业与产业之间发生的关联。比如交通运输业会在经济活动中为快递业提供相应的配套服务，因此快递产业通过需求关系与交通运输业发生后向关联。

（3）波及效应是指在生产过程中，许多产业会为某一产业提供相关的服务而产生部门之间的效应。波及效应将对主导产业所在区域的基础设施建设、市场繁荣、就业面的扩大以及其他产业的形成和壮大产生积极的影响，也即该主导产业的发展会引起它周围的一系列变化，如加大对法律问题的处理和开拓市场关系的专业人员的培养力度，建立具有技术性和纪律性相结合的劳动力资源，以及加快发展该地区其他服务业等等。总而言之，产业转移重要功能之一是产业关联的带动作用，它将在很大程度上促进区域整体经济的发展和社会的进步。

二、产业关联分析的工具

（一）投入产出理论

产业关联分析的基本工具为投入产出分析法，是通过投入产出表和模型分析整个经济体系中各个不同的生产部门或消费部门的组成部分之间投入产出的数量比例关系。它是经济学和数学相结合的产物，是被广泛使用的投入产出分析工具。

在对经济活动中的相互依存性进行大量研究的基础上，1931 年美国著名经济学家瓦西里·列昂惕夫开始对投入产出展开分析。列昂惕夫通过查阅美国国情资料，分别编制了 1919 年和 1929 年美国的投入产出表，通过对该表数据的分析，列昂惕夫对当时美国的经济状况进行了研究。投入产出分析诞生的标志是他 1936 年发表的《美国经济制度中投入产出数量关系》一文。1941 年列昂惕夫根据研究结果出版了《美国经济结构 1919—1929》，1953 年他又与钱纳里等人合著出版了《美国经济结构研究投入产出分析的理论与实证探讨》一书，这些文献均较为详细的解释了投入产出的基本原理及方法。

1929 年爆发了资本主义经济历史上后果最为严重的一次经济危机。当时由于运用传统的西方经济学理论不能解释经济危机产生的根源，所以这次经济危机在西方经济学理论界中应运而生出两种基本的经济学理论。一是凯恩斯（Keynes）主义，它的核心思想是主张国家干预，特别是财政干预，通过这些干预措施人为地刺激投资和消费，扩大需求以便减少失业和预防经济危机的发生。由于契合了当时的政策制定且在实践中经受住考验，凯恩斯主义经济学成为西方经济学的主流，许多国家依此制订基本经济政策。另一方面是一些经济学家在已有数理经济学的研究基础上，通过更进一步利用数学和统计资料，以数理统计方法客观分析和预测经济发展，经过实践的积累，由此诞生了投入产出分析和计量经济学。因此，投入产出分析的产生适应了当时资本主义经济发展的需要，它的产生不是偶然的，而是有一定的社会历史背景原因。

（二）投入产出模型

所谓投入产出模型，是通过运用线性代数工具建立数学模型，编制投入产出表，从而系统的揭示经济中各产业部门、再生产各环节之间的内在联系，并据此进行经济分析、预测和安排预算计划。根据计量单位不同，该模型可分为价值型和实物型。

表 3.1　n 个部门的投入产出表

产出 投入		中间产品				最终产品	总产出
		1	2	…	n		
中间投入	1	c_{11}	c_{12}	…	c_{1n}	y_1	Q_1
	2	c_{21}	c_{22}	…	c_{2n}	y_2	Q_2
	…	…	…	…	…	…	…
	N	c_{n1}	c_{n2}	…	c_{nn}	y_n	Q_n
初始投入	劳动者报酬	v_1	v_2	…	v_n		
	社会纯收入	m_1	m_2	…	m_n		
总投入		Q_1	Q_2	…	Q_n		

投入是经济活动中消耗的原材料、固定资产和劳动力等；产出是经济活动完成后分配出去的流量；通过运用线性代数的相关方法构建数学方程式，建立投入产出表，投入产出模型可以用来模拟国民经济各产业部门产品的相互流入流出的再生产过程，并据此分析各产业间的重要比例关系。按计量单位不同，该模型可分为价值型和实物型。

投入产出表描述了国民经济各部门在某个时期（通常为一年）的主要产品的投入与产出关系，是经济核算的重要部分。其中经济部门的投入用表中的纵列数值表示，经济部门的产出用表中的横行数值表示。在表中，行向表示产品的使用价值构成，列向表示产品的价值构成。用 n 个部门将表的两大部类具体化。

对于投入产出表的分析，可以从行列两个方面入手：

根据上述投入产出模型，可先研究各部门产品的实物构成。从行向出发，有以下方程式：

$$c_{11} + c_{12} + \cdots + c_{1n} + y_1 = Q_1$$

$$c_{21} + c_{22} + \cdots + c_{2n} + y_2 = Q_2$$

$$\cdots \quad \cdots \quad \cdots \quad \cdots$$

$$c_{n1} + c_{n2} + \cdots + c_{nn} + y_n = Q_n$$

可以简化为：

$$\sum_{j=1}^{n} c_{ij} + y_i = Q_i \qquad (i = 1,2,\cdots,n) \tag{3.1}$$

在这里，引入直接消耗系数 a_{ij}，它表示为生产每一单位的 j 产品所需要投入的第 i 种商品的数量。根据定义，$a_{ij} = \dfrac{c_{ij}}{Q_j}(i,j = 1,2,\cdots,n)$。这样，从这个定义中，我们有：

$$c_{ij} = a_{ij}Q_j \qquad (i,j = 1,2,\cdots,n) \tag{3.2}$$

把（3.2）式代入（3.1）式可以得到：

$$\sum_{j=1}^{n} a_{ij}Q_j + y_i = Q_i \qquad (i = 1,2,\cdots,n) \tag{3.3}$$

把上述产品平衡的展开式用矩阵的形式表示，有：

$$AQ + Y = Q \tag{3.4}$$

其中：

$$A = \begin{bmatrix} a_{11} & a_{21} & \cdots & a_{1n} \\ a_{21} & a_{22} & \cdots & a_{2n} \\ \cdots & \cdots & \cdots & \cdots \\ a_{n1} & a_{n2} & \cdots & a_{nn} \end{bmatrix}, Q = \begin{bmatrix} Q_1 \\ Q_2 \\ \cdots \\ Q_N \end{bmatrix}, Y = \begin{bmatrix} y_1 \\ y_2 \\ \cdots \\ y_n \end{bmatrix}$$

把（3.4）式合并同类项，可以得到

$$Y = (I - A)Q \tag{3.5}$$

其中，I 是单位矩阵，（$I - A$）矩阵是一个特殊形式的矩阵，其具体形式为：

$$(I-A)=\begin{bmatrix}1-a_{11} & -a_{21} & \cdots & -a_{1n}\\ -a_{21} & 1-a_{22} & \cdots & -a_{2n}\\ \cdots & \cdots & \cdots & \cdots\\ -a_{n1} & -a_{n2} & \cdots & 1-a_{nn}\end{bmatrix}$$

从列向来研究各部门产品的价值构成，有以下的方程式：

$$\sum_{i=1}^{n} c_{ij} + v_j + m_j = Q_j \qquad (j = 1,2,\cdots,n) \tag{3.6}$$

把（3.2）式代入（3.6）式，得

$$\sum_{i=1}^{n} a_{ij}Q_j + v_j + m_j = Q_j \qquad (j = 1,2,\cdots,n) \tag{3.7}$$

其中，$\sum_{i=1}^{n} a_{ij}$ 表示生产 j 部门产品的中间投入系数，也就是转移价值系数。

将（3.7）式移项并合并同类项，可得，

$$(1 - \sum_{i=1}^{n} a_{ij})Q_j = v_j + m_j \qquad (j = 1,2,\cdots,n) \tag{3.8}$$

用矩阵形式表示（3.8）式可得：

$$(I - A_c)Q = V + Mv \tag{3.9}$$

式中，V、M 表示各部门初始投入列向量，A_c 表示中间投入系数矩阵，它是个对角矩阵，从而 $(I - A_c)$ 也是一个对角矩阵，即

$$(I-A_c)=\begin{bmatrix}1-\sum_{i=1}^{n}a_{i1} & 0 & \cdots & 0\\ 0 & 1-\sum_{i=1}^{n}a_{i2} & \cdots & \\ \cdots & \cdots & \cdots & \cdots\\ 0 & 0 & \cdots & 1-\sum_{i=1}^{n}a_{in}\end{bmatrix}$$

（三）直接消耗系数和完全消耗系数

直接消耗系数，也可称为投入系数，是生产一个单位 j 产品所直接消耗的 i 产品的数量 a_{ij}，它表示为生产每一单位的 j 产品所需要投入的第 i 种商品的数量。直接消耗系数的一种计算方法是根据编制出的投入产出表，利用取得的数据将各产业部门的总产品去除其产品生产中的各要素消耗。直接消耗系数矩阵 A 是该系数用表的表示形式。用第 j 部门产品的总投入去除该部门产品生产过程中直接消耗的第 i 部门产品的价值量是直接消耗系数的一种计算方法，数学公式表示为：

$$a_{ij} = \frac{c_{ij}}{Q_j} \qquad (i,j = 1,2,\cdots,n) \tag{3.10}$$

除了部门产品 j 对部门产品 i 的直接生产消耗以外，在实际经济活动中，还存在着通过中介产品完成部门产品之间的关联活动的间接生产消耗。在投入产出理论中，完全消耗则比较全面的反映了这种直接消耗联系和间接消耗联系。

完全消耗系数可以这样理解，一个单位的第 j 部门产品的生产，对第 i 部门产品的直接消耗量和间接消耗量的加总，通常记为

$$B = (I - A)^{-1} - I \tag{3.11}$$

$$b_{ij} = a_{ij} + \sum_{k=1}^{n} b_{ik} a_{kj} \tag{3.12}$$

完全消耗系数从最终产品的角度考察产品间的消耗关系，它说明为了生产一个单位最终产品对其他产品的消耗量，可以将社会各经济部门间的生产分配联系更加全面的反映出来。

（四）直接分配系数和完全分配系数

直接分配系数，反映 i 部门在生产过程中对 j 部门提供产品的情况，是 i 部门对 j 部门的贡献程度大小的反映，该系数侧重于部门与部门之间

的经济联系。它的变化反映产品替代变化的情况。直接分配系数矩阵主对角线上是相同的元素，这就表示本部门对本部门的直接消耗量等于本部门对本部门的直接分配量。与完全消耗系数相类似，由于在部门产品的分配中直接联系和间接联系同时存在，而完全分配系数 D 则是 i 部门单位总产出分配给 j 部门的产品量，是经济部门之间直接分配联系和间接分配联系的全面反映（在这里，次数不等的多次分配也被包括在间接分配的范围内）。它反映的是 i 部门对 j 部门的所有经济数量关系。他的数值是 i 部门对 j 部门的直接分配系数和所有间接分配系数的加总。根据概念，第 i 部门产品分配给第 j 部门生产时提供的产品量与第 i 部门产品总量的比值，就是我们所求的直接分配系数，公式为：

$$r_{ij} = \frac{x_{ij}}{x_i} \qquad (i,j = 1,2,\cdots,n) \tag{3.13}$$

其中，x_{ij} 为第 i 产业分配给第 j 产业的使用量；x_i 为第 i 产业的总产值。

完全分配系数是依据完全消耗系数计算而得的，其公式为：

$$D = \hat{X}^{-1}B\hat{X} \tag{3.14}$$

其中，$\hat{X}^{-1}$ 为总产出对角矩阵的逆矩阵，B 为完全消耗系数矩阵，$\hat{X}$ 为总产出对角矩阵。

第二节　东莞支柱性产业选择①

一、支柱产业选择的理论依据和指标体系

（一）支柱产业选择的理论依据

如何正确选择区域支柱产业，国内外经济学家借鉴主导产业的相关

① 有关东莞支柱产业选择方法，我们借鉴了冼周恩等主持编写的《东莞支柱产业调研报告》，2011 年 8 月。

理论作了大量有价值的探索。主导产业是指能够较多地吸收先进技术，保持较高的增长速度并对其他产业的发展具有较强的带动作用的产业部门；支柱产业是在区域经济增长中对总量扩张影响大，所占比重高的产业部门。支柱产业与主导产业的最大区别在于，前者立足于现实，注重产业的绝对规模；后者着眼于未来，强调长期的发展和带动效应。主导产业理论主要包括大卫·李嘉图的比较优势理论、赫希曼的产业关联理论、罗斯托的经济增长理论以及筱原三代平准则。

我国对支柱产业理论的研究从一开始就相伴与对主导产业理论的研究。20 世纪 80 年代中后期，随着我国改革的深入，对经济增长方式的转变、结构调整等问题的研究以及由此引发的支柱产业的选择等问题逐步提上日程。国外经济学家对主导产业理论的研究为我国对支柱产业的研究提供了具体的研究路径，事实上，国外主导产业理论实际上已隐含了支柱产业的相关内容。

（二）支柱产业及特色产业的概念和特征

经过二十多年的理论探讨，支柱产业仍没形成一个统一的定义，综合各家学者的提法，可以归纳为：支柱产业是指在一定时期内，构成一个国家或地区产业体系的主体，具有广阔的市场前景、发展规模大、产业关联度强、经济效益好、技术密度高，对整个国民经济支撑作用的产业。支柱产业具有较强的连锁效应，对为其提供生产资料的各部门、所处地区的经济结构和发展变化，有深刻而广泛的影响，同时诱导新产业崛起。支柱产业具有以下特征：

（1）经济规模大。支柱产业的产出规模较大，在经济总量中占有较高份额，经济贡献率较高，着重强调产业的净产出占国民经济或地区经济的比重。

（2）产业关联度高。支柱产业可以通过产业间的前向、后向和旁侧效应带动整个国民经济发展。

（3）市场扩张能力强。支柱产业要求市场扩张能力强、需求弹性高，发展快于其他行业。要求生产率持续、迅速增长，生产成本不断下降。

（4）支撑作用强。在近期或中期内，支柱产业的构成在国民经济中具有重要的地位，对提高现实的经济规模和效率具有支撑作用。

（5）经济效益相对显著。具有可持续发展的能力，能够更好地发挥支柱产业的作用。

而特色产业是指以“特”制胜的产业，是一个国家或一个地区在长期的发展过程中所积淀、成型的一种或几种特有的资源、文化、技术、管理、环境、人才等方面的优势，从而形成的具有本国或本地区特色的具有区位优势、比较优势和市场竞争力的产业或产业集群。但就其规模而言，还不足以作为支撑经济发展的支柱产业。

（三）东莞市工业支柱产业选择的指标体系

支柱产业选择需要通过一定的指标体系进行测度，而评价指标的选择和量化直接决定着评价结果的优劣。指标选择要遵循以下几个原则：科学性、动态性、前瞻性、可操作性以及层次性。

因此，考察东莞市在一定时期内的支柱产业，必须将一系列准则、原则量化为相应的评价指标。一般的指标体系建立包括如下几个方面：一般标准，相关因素，以及支柱产业选择的特定基准。

通过研究支柱产业指标体系的选择原则和标准，结合东莞市工业的实际发展情况，以及数据的可获得性、指标计算的效率性及可行性，同时参考原有支柱产业确立的指标体系，最终得出如下评价指标：

（1）产业规模与效益：包括产业份额、增加值率、资金产出率、产值利税率；

（2）产业区际竞争力：包括产业强弱系数、市场占有率；

(3) 产业关联效应：包括影响力系数、感应度系数。

由此，我们确定了东莞市工业支柱产业选择递阶层次结构模型，如图3.1所示。

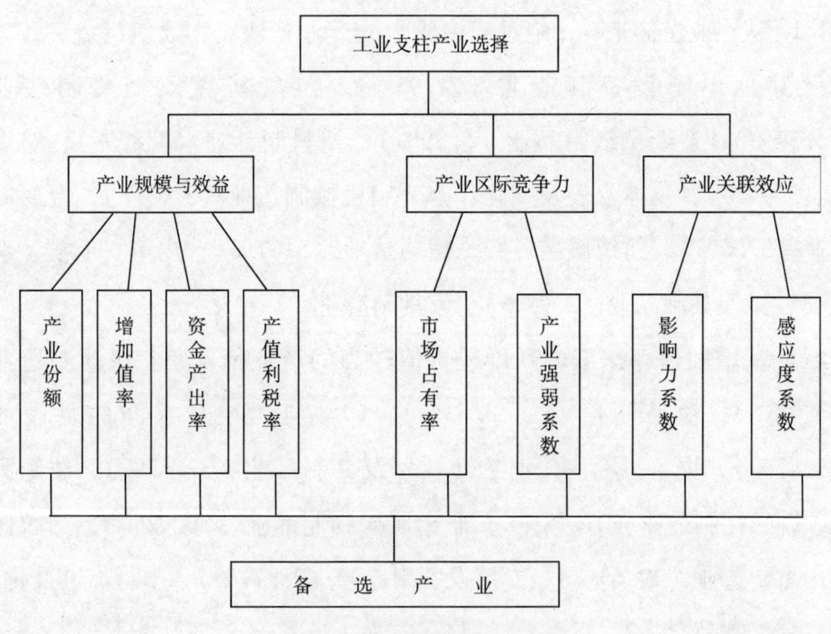

图3.1　支柱产业选择模型

二、东莞市工业支柱产业选择的定量计算

东莞市工业涉及32个行业，其中28个属于制造业，制造业产值占工业总产值的比重高达93%。东莞市工业要实现由工业大市向工业强市的转变、建设国际制造业名城，制造业的转型升级是关键。为此，我们对工业支柱产业选择的范围界定在制造业，不属于制造业的4个产业（非金属矿采选业，电力、热力的生产和供应业，燃气的生产和供应业，水的生产和供应业）将不列入以下核算范围。

（一）各产业指标值的计算及特点

对八个指标值依据公式进行计算，最终得出各个指标 2006—2013 年平均值比较靠前的产业，我们发现有以下特点：

1. 从产业份额来看，绝对规模较大的产业依次是：通信设备、计算机及其他电子设备制造业（27.93%），电气机械及器材制造业（11.39%），造纸及纸制品业（5.29%），塑料制品业（4.87%），纺织业（3.95%），仪器仪表及文化、办公用机械制造业（3.65%），金属制品业（3.60%），纺织服装、鞋、帽制造业（3.07%），皮革、毛皮、羽毛（绒）及其制品业（2.98%），家具制造业（2.72%）。

2. 从增加值率来看，新创造价值较高的产业依次是：医药制造业（34.38%），食品制造业（33.63%），印刷业、记录媒介的复制业（33.47%），皮革、毛皮、羽毛（绒）及其制品业（32.77%），纺织服装、鞋、帽制造业（31.78%），非金属矿物制品业（30.92%），文教体育用品制造业（29.63%），专用设备制造业（28.71%），木材加工及竹、藤、棕草制品业（26.48%），橡胶制造业（26.43%）。

3. 从资金产出率来看，资金生产效率较高的产业依次是：石油加工、炼焦及核燃料加工业（207.73%），农副产品加工业（204.27%），有色金属冶炼及压延加工业（202.58%），仪器仪表及文化、办公用机械制造业（182.95%），饮料制造业（166.41%），通信设备、计算机及其他电子设备制造业（162.51%），电气机械及器材制造业（160.34%），纺织服装、鞋、帽制造业（159.30%），皮革、毛皮、羽毛（绒）及其制品业（149.04%），工艺品及其制造业（135.28%）。

4. 从产业强弱系数来看，属于东莞的比较优势产业有：造纸及纸制品业（2.92），家具制造业（2.27），文教体育用品制造业（2.14），皮革、毛皮、羽毛（绒）及其制品业（2.06），仪器仪表及文化、办公用机械制造业（1.81），饮料制造业（1.62），纺织业（1.49），印刷业、记录媒介的复制业（1.44），塑料制品业（1.38），纺织服装、鞋、帽制造业（1.37）。

5. 从产值利税率来看，利税贡献较大的产业依次是：医药制造业（16.51%），食品制造业（15.81%），饮料制造业（11.75%），非金属矿物制品业（11.31%），交通运输设备制造业（10.52%），印刷业、记录媒介的复制业（10.17%），化学原料及化学制品制造业（9.29%），造纸及纸制品业（8.19%），专用设备制造业（6.86%），电气机械及器材制造业（5.76%）。

6. 从市场占有率来看，竞争力较强的产业前十名依次是：造纸及纸制品业（28.17%），家具制造业（21.30%），饮料制造业（19.64%），文教体育用品制造业（18.60%），仪器仪表及文化、办公用机械制造业（17.72%），皮革、毛皮、羽毛（绒）及其制品业（15.89%），纺织业（13.31%），塑料制品业（12.88%），橡胶制品业（12.45%），专用设备制造业（12.41%）。

7. 从影响力系数来看，带动效应较强的几个产业主要有：通信设备、计算机及其他电子设备制造业，仪器仪表及文化、办公用机械制造业，电气机械及器材制造业，交通运输设备制造业；而从感应度系数来看，推动效应较强的几个产业主要有：橡胶制品业，塑料制品业，医药制造业，化学原料及化学制品制造业。

（二）构造判断矩阵，设定各指标的权重

设定各指标权重的过程就是，运用1—9标度法对八个指标的重要性进行标度，构造判断矩阵，进而求得判断矩阵的特征向量（即各指标权重值），并对判断矩阵进行一致性检验。

八个被比较因素构成了一个两两比较（成对比较）的判断矩阵，如

表 3. 2 所示。

表 3. 2　八个指标两两比较构成的判断矩阵

指标	产业份额	增加值率	资金产出率	产业强弱系数	产值利税率	市场占有率	感应度系数	影响力系数
产业份额	1	3	5	4	5	5	7	6
增加值率	1/3	1	3	2	3	3	5	4
资金产出率	1/5	1/3	1	1/3	1/2	2	3	2
产业强弱系数	1/4	1/2	3	1	2	2	5	4
产值利税率	1/5	1/3	2	1/2	1	2	4	3
市场占有率	1/5	1/3	1/2	1/2	1/2	1	4	3
感应度系数	1/7	1/5	1/3	1/5	1/4	1/4	1	1/2
影响力系数	1/6	1/4	1/2	1/4	1/3	1/3	2	1

计算上述判断矩阵的特征向量，并进行一致性检验，最终确定合理的指标权重如表 3. 3：

表 3. 3　八个指标的权重值

指标	产业份额	增加值率	资金产出率	产业强弱系数	产值利税率	市场占有率	感应度系数	影响力系数
权重	0. 365	0. 191	0. 071	0. 140	0. 097	0. 069	0. 027	0. 039

（三）将各指标平均值利用离差标准化方法进行标准化处理，结合各指标权重，加权求得各行业综合得分

经计算，得出东莞市综合得分最高的十个产业为：通信设备、计算机及其他电子设备制造业（0. 6116），造纸及纸制品业（0. 4086），电气机械及器材制造业（0. 3749），仪器仪表及文化、办公用机械制造业

(0.3215)，皮革、毛皮、羽毛（绒）及其制品业（0.3203），文教体育用品制造业（0.3169），家具制造业（0.3109），饮料制造业（0.2996），塑料制品业（0.2990），纺织服装、鞋、帽制造业（0.2914）。

三、东莞市工业支柱产业的选择

对东莞市28个制造业产业进行定量计算，虽然能为支柱产业的选择提供数量方面的基础，但并不能单单把综合得分较高的产业定为支柱产业，还需结合东莞市支柱产业特征、经济发展实际情况、对各产业进行深入调研的结果以及专家学者和政府相关部门的意见，再对定量结果进行修正、补充。由此提出的备选支柱产业、特色产业如下：

（一）电子信息制造业（即通信设备、计算机及其他电子设备制造业）

东莞市通信设备、计算机及其他电子设备制造业的企业数量和生产规模在各产业中均具有绝对优势。2013年，该产业有规模以上企业929家，完成工业增加值7692171万元，分别占全市规模以上工业的15.75%和31.71%。“十一五”期间，该产业在全市规模以上工业中的比重一直保持在28%左右，是东莞市制造业中总量规模最大的产业。该产业的资金产出率、产业关联效应均位居各产业前列。该产业配套优势明显，大部分企业的产品技术含量较高，以电脑零部件及周边设备、电子元器件为主，配套率高达95%，并且一部分产品在全球市场占有10%—40%的份额，形成了较为成熟的产业集群。同时，东莞市重点培育的战略性新兴产业——高端新型电子信息制造业也是该产业的重要组成部分，已投产的宇龙科技将整合国内的研发力量，在东莞建设全球研发总部，另外，宏威数码投资的OLED项目、胜华科技投资的联胜科技以及万士达液晶的第三代触控面板项目也将成为高端新型电子制造业的龙头项目，这些龙头企业将有力提升东莞市电子信息制造业的水平。因此，该产业在东莞市既有雄厚的基础，也有较强的发展后劲，建议作为支柱产业。根据国家、省以及周边城市使用的口径，该产业简称为电子信息制造业。

（二）电气机械及设备制造业（含电气机械及器材制造业，仪器仪表及文化、办公用机械制造业，通用设备制造业，专用设备制造业，交通运输设备制造业五个产业）

该产业涉及五个产业，“十一五”期间，电气机械及器材制造业产业份额居制造业第二位，而且该产业的资金产出率相对较高，排各产业第七位，对其他产业的影响力也比较强；仪器仪表及文化、办公用机械制造业产业份额居制造业第六位，而其资金产出率、产业强弱系数、市场占有率和影响力系数方面，在各大产业的定量分析排名当中都是名列前茅；专用设备制造业、交通运输制造业、通用设备制造业总体规模还不大，但三个产业中的电子、塑料、毛织、家具等专用设备以及模具等在东莞具有发展优势及潜力，以中远船务为龙头的船舶制造业，以及以永强汽车为代表的特种汽车制造业以及京滨电喷为龙头的汽车零配件制造业也有较强的龙头带动作用。作为东莞近期突破的电动汽车产业也将成为新的增长点。

2013 年，这五个产业完成工业增加值为 4314012 万元，占规模以上工业的 17.78%，产业规模已相当庞大，各产业均属于装备制造业，对东莞市其他各产业的带动作用强，产业关联效应突出，产品市场前景十分广阔，是东莞市发展装备制造业以及工业适度重化的重要引擎。另外，东莞市近期突破的半导体照明、太阳能光伏、电动汽车等战略性新兴产业的部分或全部产业链环节也是这五个产业的重要组成部分，宏威数码、南玻光伏、新能源科技、勤上光电等一批行业中的龙头发展态势良好。从产业相似度及产业关联度方面考虑，这几个行业均属于技术—资金密集型产业，产业关联程度高，其在提升产业经济、提高经济质量的过程中起着不可替代的基础性作用。因此，建议将电气机械及器材制造业，仪器仪表及文化、办公用机械制造业，通用设备制造业，专用设备制造业，交通运输设备制造业五个产业合并称为电气机械及设备制造业，作为支柱产业。

（三）纺织服装鞋帽制造业（纺织业，皮革、毛皮、羽毛（绒）及其制品业和纺织服装、鞋、帽制造业）

纺织服装业历来是东莞市的传统优势产业，该产业涉及纺织业，皮革、毛皮、羽毛（绒）及其制品业和纺织服装、鞋、帽制造业三个产业，属于劳动密集型产业，在东莞的工业化进程中发挥了重要的作用，并始终具有明显的比较优势。三十多年来，纺织、服装类产业链不断完善，聚集效应和辐射能力不断增强，区域影响力不断扩大，经历了“无牌—贴牌—创牌—名牌”的过程，已获国家级名牌名标 7 个（件），占全市工业类国家级名牌名标的 17%，获省级名牌名标 28 个（件），占全市工业类省级名牌名标的 10%。企业集群、业者集群、客户集群、物流集群、配套集群、研发集群、宣传推介集群等 8 大群体分工合理，有机结合，产业发展成熟，并且涌现出了诸如虎门——“中国女装名镇”、大朗——“中国羊毛衫名镇”等全国闻名的产业集群，东莞更是全国首批十大“纺织产业基地市”之一。

2013 年，三个产业已具有相当规模，完成工业增加值 3110219 万元，合计占规模以上工业的比重从 2005 年的 10.3% 上升到 2013 年的 12.82%。从定量分析的结果我们也可以看到纺织服装鞋帽制造业作为支柱产业的必然性，“十一五”期间，皮革、毛皮、羽毛（绒）及其制品业（以皮鞋业为主，皮鞋业占该产业的 67%）和纺织服装、鞋、帽制造业的增加值率分别排各产业的第四和第五位，资金产出率在各产业中分别排第十和第八位，皮革、毛皮、羽毛（绒）及其制品业，纺织业以及纺织服装、鞋、帽制造业的产业强弱系数分别是2.06、1.49、1.37，体现了其区际影响是十分强大的，同时，皮革、毛皮、羽毛（绒）及其制品业和纺织业的市场占有率比较靠前，在各产业分别排第六和第七位。我们可以看出该产业的市场竞争力较强，产业抗风险能力也不断增强。从产业相似度及产业关联度方面考虑，建议将纺织业，纺织服装、鞋、帽制造业以及皮革、毛皮、羽毛（绒）及其制品业三个产业合称为纺织服装鞋帽制造业，作为支柱产业。

（四）造纸及纸制品业

近年来，东莞市造纸及纸制品业规模不断扩大，2013年，完成工业增加值994570元，占规模以上工业的比重为4.1%，并且产业集中度十分突出，玖龙、理文、建晖、金州、银州、白天鹅等大中型造纸企业均在东莞投资建厂。目前形成了以包装用纸（纸板）为主，生活用纸和特种用纸并举的发展格局，大型企业的技术装备水平均已达到国内领先水平，部分设备已达世界领先水平，生产效率大大提高。“十一五”时期，造纸及纸制品业的产业强弱系数与市场占有率均位居各大产业之首，说明该产业强劲的区际影响力和显著的产业竞争力。虽然该产业耗能较大，环保治理也需进一步完善，但目前该产业在东莞市的产业份额大，且竞争力突出，因此，建议将造纸及纸制品业作为支柱产业。

（五）食品饮料加工制造业（含食品制造业、饮料制造业及农副产品加工业）

食品饮料加工制造业也是东莞的传统优势产业。该产业涉及食品制造业、饮料制造业及农副食品加工业等三个产业，2013年，食品饮料加工制造业完成工业增加值838895万元，占规模以上工业的比例为3.46%。“十一五”时期，食品制造业的增加值率在各大产业的排名位居第二，充分体现了食品制造业突出的创造新价值的能力。农副产品加工业与饮料制造业的资金产出率排名分别为第二和第五位，直接反映了这两个产业高水平的资金产出效率。饮料制造业的产业强弱系数与市场占有率分别排在第六和第三位，这也是与东莞市该产业的实际情况相同的，即该产业具备强劲的区际影响力与十分显著的产业竞争力。食品制造业和饮料制造业的产值利税率分别排名第三和第五位，直接体现了两个产业突出的利税贡献水平。

此外，东莞食品饲料制造业不乏国内外知名品牌生产企业，如饮料行业有可口可乐、雀巢、加多宝，啤酒行业有华润、珠江、金威三大品牌，糕点行业有嘉顿、荣华，乳制品行业有伊利、蒙牛，糖果行业有徐福记，再加上几大央企粮油企业的落户等等，东莞市食品制造业、饮料制造业及农副产品加工业在周边城市甚至全国市场均具有很高的竞争力。该产业的名牌名标数量位居各产业前列，达 40 个（件），其中国家级的 10 个（件），占全市工业已获得国家级名牌名标的 23.8%。因此，建议将农副产品加工业、食品制造业、饮料制造业合称为食品饮料加工制造业，作为支柱产业。

（六）玩具及文体用品制造业（即文教体育用品制造业）

东莞市的文教体育用品制造业主要包括玩具、各类健身运动器材及文具的生产制造业，其中，玩具产业是东莞市原有八大支柱产业之一。该产业属于劳动密集型产业，2013 年，该产业完成工业增加值 962579 万元，产业份额达到了 3.97%。其中玩具产业的外向型特征极为鲜明，自有品牌和自主知识产权缺乏的问题一直没得到有效解决，发展不是十分理想，因此已不再适宜作为支柱产业。但文教体育用品业的综合得分在全市各产业中排名第六位，其中产业强弱系数（2.14）排在第三位，市场占有率排第四位，说明该产业专业化程度较高，产品有一定的市场竞争力。同时，该产业的增加值率、影响力系数以及产业份额均属各产业的中上游水平。该产业中的玩具产业的份额虽有所减少，但随着东莞动漫产业的发展，玩具产业作为动漫衍生品加工制造的重要支撑，将有良好的发展前景。另外，以塘厦为代表的体育用品制造业及以虎门为代表的文具制造业发展态势良好。虽然该产业从规模上看不足以作为支柱产业，但鉴于该产业有较强的比较优势和区际影响力，为突出玩具产业（玩具企业数量和产值占比较大），建议将该产业称为玩具及文体用品制造业，作为特色产业。

（七）家具制造业

家具业是东莞原有的支柱产业之一，目前已形成了大岭山镇、厚街镇为代表的产业集群，产业链较为完善，产业带动效应良好。但是，由于近年来受国际家具市场需求一直不甚理想、国内房地产市场的调控等诸多因素的影响，加上国内外对家具环保要求的相关法规越来越完善，各类成本上升致使企业生产经营成本不断加大，导致家具制造业的发展面临着一定的压力。2013 年，家具产业完成工业增加值 608596 万元，占全市规模以上工业的比重由 2005 年的 2.84% 下降到了 2013 年的 2.51%，同玩具及文体用品制造业类似，家具制造业的规模不大，且扩大趋势不明显，因此该产业已不适宜作为支柱产业。但“十一五”时期，该产业的综合得分在全市各行业中排名第九位，其中产业强弱度系数和市场占有率均排在第四位，说明该产业专业化程度较高，产品有一定的市场竞争力，体现了该产业有较强的区际影响力与产业竞争力。为继续发挥该产业的优势，建议将家具制造业作为特色产业。

（八）化工制造业（含化学原料及化学制品制造业，橡胶制品业，石油加工、炼焦业及核燃业）

按照省先进制造业的统计口径，化工制造业包括化学原料及化学制品制造业，橡胶制品业，石油加工、炼焦业及核燃业三个产业。2013 年，该产业完成工业增加值 1906790 万元，产业份额从 2005 年的 2.64% 上升到 2013 年的 7.86%，但从绝对规模和各项指标评分上看还不足以作为东莞市的支柱产业。该产业中，化学原料及化学制品制造业产值占近八成，是东莞市原有的支柱产业之一，作为东莞电子、家具、纺织、制鞋等产业的配套产业，一直发展稳健，产出效益较好，产值利税率在全市各行业中排第七位。化工制造业是《东莞市先进制造业发展“十二五”规划》中规划发展的 6 大重点产业之一。目前，已获市政府批准的虎门港立沙岛精细化工高端产业集聚区，以细分的专业型产品为主，与通用化工产品错位发展，重点培育和发展电子化学品、化工助剂、改性材料、聚氨酯深加工、塑料合金、工程塑料等产品，将为产业的发展注入强劲的后劲。该产业中，橡胶制品业，石油加工、炼焦业及核燃业两个产业规模不大，但考虑到与广东省先进制造业口径保持一致，便于今后的对比分析，因此，建议将化学原料及化学制品制造业，橡胶制品业，石油加工、炼焦业及核燃业三个产业合称为化工制造业，作为特色产业。

由此，通过对东莞市 28 个制造业产业进行定量计算及定性的分析，我们基本确定了东莞的八大支柱产业，具体如下：

（1）电子信息制造业（即通信设备、计算机及其他电子设备制造业）；

（2）电气机械及设备制造业（包括电气机械及器材制造业，仪器仪表及文化、办公用机械制造业，通用设备制造业，专用设备制造业以及交通运输设备制造业）；

（3）纺织服装鞋帽制造业（包括纺织业，纺织服装、鞋、帽制造业以及皮革、毛皮、羽毛（绒）及其制品业）；

（4）食品饮料加工制造业（包括食品制造业、饮料制造业、农副产品加工业）；

（5）造纸及纸制品业；

（6）玩具及文体用品制造业；

（7）家具制造业；

（8）化工制造业（包括化学原料及化学制品制造业，橡胶制品业，石油加工、炼焦及核燃料加工业）。

为了分析方便，同时考虑数据的可得性，在下面的分析中，我们将通用设备制造业以及专用设备制造业从电气机械及设备制造业中分离出来，从而以十大支柱产业为基础进行分析。

第三节　东莞十大支柱产业投入产出情况

一、东莞十大支柱产业产业结构分析

产业结构是指国民经济各产业部门在进行投入和产出等各种经济活动过程中形成的经济联系以及由此表现出来的一些比例关系，各个产业部门之间和产业部门内部在经济活动过程中有着广泛的、复杂的和密切的技术经济联系。产业结构可以从总产出结构和增加值结构两个方面进行分析。其中，总产出是指全部产业部门在核算期内生产的所有货物和服务的价值总和，既包括核算期内新增加的价值，也包括中间投入的转移价值，反映了各产业部门生产活动的总规模。增加值是指各产业部门在生产过程中创造的新增价值和固定资产转移价值，或者说增加值是总产出减去中间投入后所剩余额。根据东莞统计年鉴及其相关资料，我们计算整理出2013年，东莞支柱产业产业结构，如表3.4所示。

表 3.4　2013 年东莞支柱产业产业结构分析

	总产出（万元）	结构（%）	增加值（万元）	结构（%）
第一产业	165719	0.17	17842	0.09
食品制造业	787264.8	0.79	245922.6	1.27
纺织服装、鞋、帽制造业	1848012.3	1.86	593384.1	3.07
家具制造业	2111941.4	2.13	508839.4	2.63
造纸及纸制品业	4563472	4.59	1016110	5.25
文教体育用品制造业	1779698.9	1.79	537805.7	2.78
化学原料及化学制品制造业	2256915.9	2.27	447806.3	2.31
通用设备制造业	2159411.5	2.17	414402.2	2.14
专用设备制造业	1295093.9	1.3	395342.1	2.04
电气机械及器材制造业	10691828.7	10.75	2414465.3	12.47
电子信息制造业	22360243.6	22.51	4172746	21.56
先进制造业合计	46399377.6	46.69	9937079	51.34
其他制造业	30873628	31.08	7146030	36.92
建筑业	1220569	1.23	823674	4.26
第三产业	20690656	20.83	1430228	7.39
合计	99349949.6	100	19354853	100

资料来源：根据《东莞统计年鉴》及相关资料整理。

从表 3.4 中我们可以看到，东莞市各产业的总产出为 9935 亿元，其中第一产业总产出仅为 16.57 亿元，总产出结构仅为 0.17%，第三产业总产出为 2069.91 亿，总产出结构为 20.83%，第二产业总产出为 7849.36 亿元，总产出结构达到了 79%，而这其中先进制造业总产出为 4639.94 亿元，总产出结构为 46.69%。先进制造业产出占第二产业的比重为 59.18%。这不仅表明支柱产业在第二产业中占有非常重要的作用，而且在整个东莞产业中起着举足轻重的作用。

同时，我们看到，支柱产业对东莞经济的贡献是非常大的。2013 年，支柱产业的增加值为993.71亿元，增加值结构为51.34%，而第一产业和第三产业的增加值之和仅为144.81亿元。东莞支柱产业的增加值远远超过了第一产业和第三产业增加值之和。支柱产业对东莞经济的贡献可见一斑。

从支柱产业内部情况分析看，电子信息制造业、电气机械及器材制造业、造纸业总产出和增加值分列东莞制造业十大产业的前三位，其中这三个产业的增加值分别为417.27亿元、160.48亿元、101.61亿元，是东莞市三大支柱性产业，可见，支柱性产业对东莞经济发展具有非常重要的作用。

二、东莞支柱产业最初投入结构分析

最初投入结构分析就是分析增加值的项目构成，最初投入结构系数表示的是某部门最初投入总量占该部门增加值的比例。增加值具体可以分为劳动者报酬、生产税净额、固定资产折旧和营业盈余。图3.2是根据《东莞统计年鉴》及其他相关资料计算整理的有关东莞各部门最初投入结构情况。

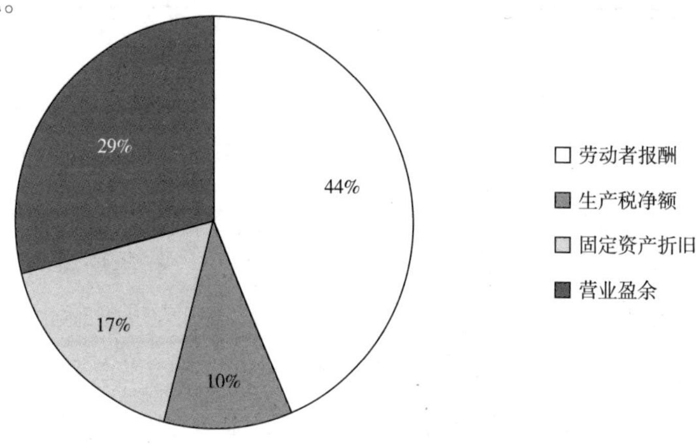

图3.2 东莞全社会最初投入情况

从图 3. 2 可以看到，东莞全社会增加值中，劳动者报酬所占比重最大，达到了 44%，其次是营业盈余为 29%，所占比重最低的是生产税净额为 10%。

下面，我们再看看东莞十大产业最初投入情况，具体如图 3. 3 所示。

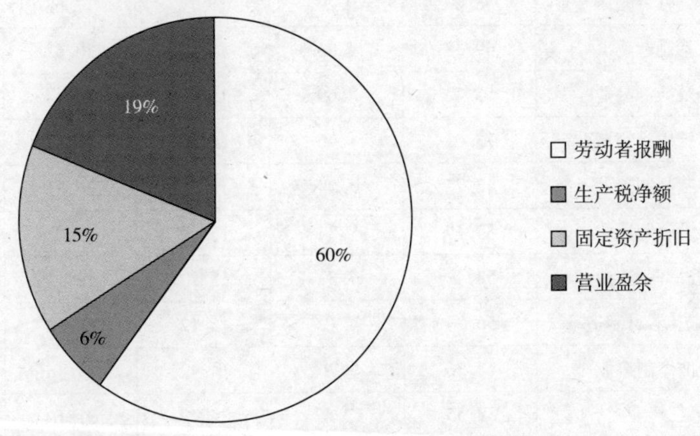

图 3. 3　东莞十大产业最初投入情况

从图 3. 3 中，我们可以看到，东莞十大产业最初投入中，劳动者报酬的比重也是最大的，占比达到了 60%，高于东莞全社会的水平，表明十大产业劳动者收入相对比较高。这也在很大程度上反映了东莞工人工资不断上升，人民生活水平在不断提高，同时也反映了劳动力成本不断上升的一个事实。同时，我们看到，十大产业的营业盈余为 19%，比重低于全社会水平，表明了东莞产业特别是制造业转型升级的压力很大，在劳动力成本不断上升的情况下，如何保障利润也不断增长将是未来东莞发展必须攻克的难题。

我们具体看东莞十大产业内部的情况，十大产业最初投入情况如表 3. 5 所示。

表 3.5　东莞支柱产业最初投入情况分析

（单位:%）

	劳动者报酬	生产税净额	固定资产折旧	营业盈余	增加值
第一产业	91.4	NA	8.6	NA	100
食品制造业	35.07	16.38	11.06	37.49	100
纺织服装、鞋、帽制造业	58.00	9.20	15.12	17.68	100
家具制造业	69.38	4.83	15.13	10.67	100
造纸及纸制品业	55.32	8.69	15.54	20.44	100
文教体育用品制造业	73.05	1.76	14.33	10.87	100
化学制品制造业	42.77	10.88	19.54	26.81	100
通用设备制造业	53.49	7.85	15.12	23.53	100
专用设备制造业	58.42	7.33	15.13	19.13	100
电气机械及器材制造业	56.73	4.19	15.12	23.96	100
电子信息制造业	64.36	3.76	14.42	17.46	100
第三产业	33.55	12.63	22.72	31.10	100
平均比重	43.63	10.37	16.82	29.18	100

资料来源：根据《东莞统计年鉴》及相关资料整理。

1. 劳动者报酬

从十大支柱产业内部看，劳动者报酬比重普遍高于43.63%这一全社会平均比重。仅有食品制造业和化学制品制造业劳动者报酬较低，分别为35.07%和42.77%，这表明，十大支柱产业的工资水平普遍比较高，职工的收入水平相对比较高。

2. 固定资产折旧

2013年全社会固定资产折旧比重为16.82%。十大支柱产业中除了化工制品制造业外，都低于这一比例。同期建筑业固定资产折旧仅为7.32%，这表明，政府固定资产投资更多地倾向于建筑业，从投资拉动需求角度看，应该加大对制造业投入力度。

3. 生产税净额

2013 年，全社会生产税净额占增加值比重的 10.37%，而十大支柱产业中除了化工制品制造业外，都低于这一比例，表明，十大支柱产业在创造大量产值的过程中，将更多的剩余以报酬的形式给予了劳动者，而东莞的企业多以外资企业为主，这就说明，东莞制造业创造出来的产值绝大多数为外国所占有，而国家的税收占很小比重。这也进一步印证了东莞制造业大多数仍然处于微笑曲线的末端，东莞制造业转型升级迫在眉睫。

4. 营业盈余

2013 年，全社会营业盈余占增加值比重为 29.18%，十大支柱产业中只有食品制造业的盈余水平高于平均水平，而其他产业都低于这一水平，这表明十大支柱产业盈余水平不高，但是这也从侧面反映了十大支柱行业受人力资本上升的压力很大。随着工资水平的不断上升，这些行业的利润空间有限的情况下，盈余自然会降低，这也表明，十大支柱行业扩展市场，加快转型升级势在必行。

三、十大支柱产业产出情况分析

为了更好地对东莞十大支柱产业产出情况进行分析，我们选用了总资产贡献率、成本费用利润率以及产品销售率这三个指标进行分析。具体情况如表 3.6 所示。

表 3.6 2013 年东莞十大支柱产业产出指标情况

（单位:%）

	总资产贡献率	成本费用利润率	产品销售率
食品制造业	15.2	12.7	100.9

续表

	总资产贡献率	成本费用利润率	产品销售率
纺织服装、鞋、帽制造业	9.7	4.5	92.2
家具制造业	6.4	1.1	98.7
造纸及纸制品业	5.7	2.3	97.8
文教体育用品制造业	3.7	1.0	99.1
化学制品制造业	9.6	1.6	98.4
通用设备制造业	8.1	2.8	98.5
专用设备制造业	8.7	5.2	97.9
电气机械及器材制造业	6.5	3.1	99.0
电子信息设备制造业	7.6	2.2	98.7
全社会总计	8.1	3.7	98.1

资料来源：根据《东莞统计年鉴2014》及相关资料整理。

（一）总资产贡献率

总资产贡献率是企业在一定时期内全部资产的获利能力，是企业经营业绩和管理水平的集中体现，也是评价和考核企业盈利能力的核心指标。这一数值越大表明企业投入产出效率就越高，企业的全部资产运营状况良好。从表3.6可以看出，规模以上工业的总资产贡献率为8.1%，而十大支柱产业中超过8.1%的有食品制造业、纺织服装、鞋、帽制造业、通用设备制造业、化学制品制造业、专用设备制造业5个产业，其中食品制造业的总资产贡献率最高，达到了15.2%。在剩余没有超过8.1%的行业中最低的是文教体育用品制造业（玩具业），比率仅为3.7%，这些没有超过8.1%的产业以后在转型升级中重点要考虑资产贡献水平。

（二）成本费用利润率

成本费用利润率是企业一定期间的利润总额与成本、费用总额的比率。成本费用利润率指标表明每付出一元成本费用可获得多少利润，体现了经营耗费所带来的经营成果。该项指标越高，利润就越大，反映企业的经济效益越好。从表3.6中我们可以看到，全社会的总成本费用利润率为3.7%，十大支柱产业超过这一比率的主要有食品制造业、纺织服装、鞋、帽制造业、专用设备制造业3个产业。其中食品制造业的比例最高，达到了12.7%。而最低的产业是文教体育用品制造业（玩具业），这表明，玩具业受到金融海啸以及国际贸易壁垒等因素的影响，经济效益相对不是很好，转型升级已经成为了该产业急需要解决的问题。

（三）产品销售率

工业产品销售率是指工业企业在一定时期内工业销售产值（或产品销售量）占现价工业总产值（或产品生产量）的百分比。它反映了生产与销售的衔接程度，是研究工业企业生产经营好坏的重要指标之一。计算工业产品销售率，既能反映工业生产的发展和销售规模，又能反映工业生产成果的实现情况，即产销衔接情况。这一比率越高，也能表明该行业产销衔接比较好，产品适销对路。从表3.6中我们可以看到，2013年规模以上企业产品销售率为98.1%，十大支柱产业超过这一比率的有食品制造业、家具制造业、文教体育用品制造业、化学制品制造业、通用设备制造业、电气机械及器材制造业以及电子信息设备制造业。这几个产业产品销售率均超过了98.1%，最高的是食品制造业，达到了100.9%，表明这些行业产品适销对路，产销衔接比较好。而其他没有达到总产品销售率的产业中最低的是纺织服装、鞋、帽制造业，为92.2%。这在很大程度上表明，东莞十大支柱产业产品销路比较好，产销衔接比较好。

第四节　东莞十大支柱产业投入产出情况与苏州比较

由于东莞与苏州制造业产业很多数据在统计口径上不一致，以至于按照投入产出数据进行比较具有一定的难度，同时折算后的结果可能也有出入，为了精确起见，我们选取苏州和东莞十大支柱产业统计口径一致的指标进行比较。具体情况如表 3.7 所示。

表 3.7　东莞、苏州十大支柱产业相关数据比较

东莞	工业销售产值（万元）	年末资产（万元）	利润总额（万元）	总资产贡献率 %	成本费用利润率 %	产品销售率 %
食品制造业	898613	1043858	99656	15.2	12.7	100.9
纺织服装、鞋、帽制造业	4731124	3923982	204416	9.7	4.5	92.2
家具制造业	2314422	1668189	25792	6.4	1.1	98.7
造纸及纸制品业	4873009	5738605	115043	5.7	2.3	97.8
文教体育用品制造业	3317923	2241623	32210	3.7	1.0	99.1
化学制品制造业	2907080	2382220	136636	9.6	1.6	98.4
通用设备制造业	5003787	3071720	137657	8.1	2.8	98.5
专用设备制造业	1376156	1410037	68333	8.7	5.2	97.9
电气机械及器材制造业	8961701	7066031	267782	6.5	3.1	99.0
电子信息制造业	40781450	23827984	882451	7.6	2.2	98.7
苏州	工业销售产值（万元）	年末资产（万元）	利润总额（万元）	总资产贡献率 %	成本费用利润率 %	产品销售率 %
食品制造业	1587982	1291967	125491	14.05	8.10	96.79
纺织服装、鞋、帽制造业	7322581	5993269	473667	12.82	6.75	98.58

续表

苏州	工业销售产值（万元）	年末资产（万元）	利润总额（万元）	总资产贡献率%	成本费用利润率%	产品销售率%
家具制造业	989462	878034	-3231	2.43	-0.32	99.57
造纸及纸制品业	4825508	7194152	205570	5.78	4.36	98.33
文教体育用品制造业	2045439	1758550	53195	7.34	2.54	93.04
化学制品制造业	16836072	18420688	1125658	9.72	6.78	98.77
通用设备制造业	18428222	16548238	1553274	12.98	9.12	99.37
专用设备制造业	10056242	11988696	754815	9.22	7.93	100.44
电气机械及器材制造业	24600581	22365479	1228801	8.60	5.20	100.02
电子信息制造业	97762462	51979668	3478893	8.19	3.68	99.09

资料来源：2013 年《东莞统计年鉴》《苏州统计年鉴》。

从表 3.7 中我们可以看到，十大支柱产业中，东莞与苏州的发展状况是不同的，各具有不同的特色。

（一）重点发展产业不同，各有特色

从数据上看，苏州主要是发展以电子信息制造业为主的先进制造业，而东莞的主要特色还是在传统的制造业。苏州电子信息制造业的销售产值在 2013 年达到了 9776 亿元，而东莞电子信息制造业销售产值仅为 4078 亿元，苏州是东莞的 2.4 倍。同时，电气机械以及通用设备还有化学工业制造业的销售产值，苏州在 2013 年都达到了千亿元，而东莞仅在百亿元徘徊。但是，在传统产业上，诸如家具制造业、造纸及其制品以及文教用品制造业（主要是玩具），东莞比苏州具有更强的优势，从销售产值上，我们都可以看出，2013 年，东莞在家具制造业、造纸及其制品以及文教用品制造业销售产值分别为 231 亿元、487 亿元和 337 亿元，比苏州相应的产业高，这表明，传统产业在东莞的发展中仍然具有很重要的地位，同时，我们也看到，东莞的电子信息制造业发展速度也很快，2013 年的销售额居十大支柱产业之首，也表明了东莞已经开始全力发展先进制造业。但是不得不承认，在发展先进制造业方面，东莞跟苏州还有一定的距离。

（二）东莞产业利润低，效益相对较差

从数据上可以看到，相对于苏州，东莞十大产业利润率较低，效益较差。首先从利润总额上看，除了家具制造业外，其他九大产业的利润，苏州都高于东莞，特别是作为各自龙头的电子信息制造业，东莞 2013 年的利润总额仅为 88.25 亿元，而苏州则达到了 347.89 亿元，相差甚远。同时，从成本费用利润率上看，除了食品制造业和家具制造业外，苏州的其余八大产业的成本费用利润率都比东莞高，这表明，苏州各产业的经济效益要好，东莞十大产业在如何提高企业经济效益方面还要下一番功夫。

（三）东莞产业产销率比较低

与苏州相比，东莞十大支柱性产业的产销率比较低，从数据上可以看到，除了食品制造业和文教体育用品制造业外，东莞八大支柱性产业的产销率都比苏州低，这表明，苏州产业在迎合市场需求方面做得比较好，生产与销售的衔接程度比较高，这与苏州市政府在产品内销展销会方面所做的努力是分不开的。产销率较高在一定程度上也解释了苏州为什么能较早地摆脱了世界金融海啸的影响。

第五节 东莞支柱产业关联度分析

一、产业关联度及其反映指标

（一）产业关联度概念

产业关联度是指产业与产业之间通过产品供需而形成的互相关联、互为存在前提条件的内在联系。这种联系主要表现在两个方面：在产品的供需方面，任何一个产业的生产以及任何一种产品，都会作为其他产品或其他产业的生产的投入要素；同时，它也会以其他产品或其他行业的生产作为其生产的投入要素。在产业的技术供给方面，一个产业的生产，需要其他产业为其提供技术水平层次相当的生产手段；同时，它的发展也推动了其他相互关联产业的技术进步，从而使整个产业的技术水平不断向更高层次推进。

（二）产业关联度的反映指标

在产业结构系统中，任何产业在生产过程中发生变化，都会通过产业间的关联关系而对其他产业产生波及作用。丹麦经济学家拉斯姆森在列昂惕夫逆矩阵的基础上提出了感应度系数和影响力系数，作为计算产业波及、影响力的指标。通常我们把一个产业受到其他产业的波及作用叫做感应度，把他影响其他产业的波及作用叫做影响力系数。

产业影响力系数反映产业的后向联系程度，是指某产业的生产发生变化时使其他产业的生产发生相应变化的系数。如果某产业的影响力系数大于1，说明该产业的影响力较强，对其他产业的发展起较大推动作用。

产业感应度系数反映产业的前向联系程度，是指其他产业的生产发生变化使某产业的生产也发生相应变化的系数。如果某产业的感应度系数大于1，说明该产业感应程度高，容易受各产业部门影响的程度较大。在经济快速增长时，感应度系数较高的产业其发展速度一般都比较快。

产业影响力系数和感应度系数的计算有两种方法：一种是利用投入产出方法计算，这是计算两种系数的通用方法，但是由于一个地区投入产出数据并不是每一年都进行统计，而且市级以下统计单位一般都不进行投入产出统计，因此，利用这种方法进行计算的数据可得性有待于进一步商榷。另外一种是利用计量经济模型，计算各变量之间的关系，从而确定各产业之间的相关系数，以此来判断各产业之间的关联程度。一般来说，采用的模型都是线性模型，使用的方法首先是格兰杰因果检验，通过因果检验先确定各产业之间的因果关系，从而找到影响某一产业的影响因素（产业），然后再通过协整分析确定各变量之间的数量关系，从而得到各产业之间的具体数量关系。

本书主要通过计量经济模型分析法对东莞支柱产业之间的关联度进行分析。

二、东莞制造业间产业关联度分析

（一）东莞制造业感应度系数分析

利用计量方法计算感应度系数，需要分两步走，第一步先利用格兰杰因果分析计算出影响某一产业的因素（其他产业），然后利用协整方法具体计算感应度系数。我们以电气机械及器材制造业为例，具体计算该产业与其他制造业之间的关系，而其他行业的计算方法与此相同。

1. 电气机械与其他制造业间的因果分析

为了处理数据方便，我们对26个制造业产业赋予不同符号。其中，农副产品加工业（NF）、食品制造业（SP）、饮料制造业（YL）、纺织业（FZ）、纺织服装、鞋帽制造业（FX）、皮革、毛皮、羽毛制品业（PG）、木材加工（MC）、家具制造业（JJ）、造纸及纸制品业（ZZ）、印刷业和记录媒介的复制（YS）、文教体育用品制造业（WJ）、化学原料及化学制品（HX）、医药制造业（YY）、化学纤维制造业（HQ）、橡胶制品业（XJ）、塑料制品业（SL）、非金属矿物制品业（FJ）、黑色金属冶炼及压延加工业（HJ）、金属制品业（JS）、通用设备制造业（TY）、专用设备制造业（ZY）、交通运输设备制造业（JT）、电气机械及器材制造业（DQ）、通讯设备、计算机及其他电子设备制造业（TX）、仪器仪表及文化、办公用机械制造业（YQ）、工艺品及其他制造业（GY）。

在电气机械及器材制造业与其他制造业之间的关系时段选择上，研究数据选取2000—2013年的东莞各制造业资产总值数据。这些数据均使用的是当年价格，所有数据处理都用统计软件Eviews5.0完成。

首先，我们试图通过Granger因果检验对电气机械及器材制造业和其他制造业之间的内生关系进行检验，我们在上述符号的前面加上一个P表示某行业的资产总值，比如电气机械及器材制造业用PDQ表示。其他行业产值以此类推。

Granger因果检验是基于系统的向量自回归（VAR）来定义的（Søren Johansen 2000）。在考察序列x是否是序列y产生的原因时，采用的方法是先估计当前的y值被其自身滞后期取值所能解释的程度，然后验证通过引入序列x的滞后值是否可以提高y的被解释程度，如果提高，就称序列x是y的Granger因，此时x的滞后期系数具有统计显著性（Granger 1980）。其双变量回归如下：

$$y_t = \alpha_0 + \alpha_1 y_{t-1} + \cdots\cdots + \alpha_k y_{t-k} + \beta_1 x_{t-1} + \cdots\cdots + \beta_k x_{t-k}$$

$$x_t = \alpha_0 + \alpha_1 x_{t-1} + \cdots\cdots. + \alpha_k . x_{t-k} + \beta_1 y_{t-1} + \cdots\cdots. + \beta_k y_{t-k}$$

如接受$H_{01}: \beta_1 = \beta_2 = \cdots\cdots = \beta_k = 0$，则$x$不是$y$的Granger因；而

接受 $H_{02}: \alpha_1 = \alpha_2 = \cdots\cdots = \alpha_k = 0$，则 y 不是 x 的 Granger 因。这样，使用 F 检验即可实现 Granger 因果关系检验。

$$F = \frac{(RSS_R - RSS_U)/J}{RSS_U/(T - K)} \sim F(J, T - K)$$

其中，RSS_R 和 RSS_U 分别表示在 H_{01}（或者 H_{02}）之下的约束和无约束的残差平方和，J 和 K 则分别表示约束个数和回归因子的个数。

但是上述检验从理论上要求残差具有独立同分布性质，这就导致了实证研究中如何确定滞后阶的问题。（本书首先通过从一般到特殊的方法初步确定滞后阶，然后再检验残差是否服从独立同分布。）因此，本书实施因果检验的路径是：第一步，选取初步的滞后阶，估计 VAR；第二步，对残差进行诊断检验，据此调整滞后阶；第三步，对最终估计的 VAR 进行参数约束检验，由此确定变量之间是否成立因果关系（Granger 1987）。

通过变量的时序图以及对变量残差进行检验，我们大致可以判断，这些变量的数据轨迹在很大程度上类似于随机游走，所以我们在设定 VAR 模型时，省略掉截据项。经过反复试验，我们初步选取滞后阶为 2，对应的 VAR（2）。同时，对 VAR（2）模型残差进行检验，我们发现这些残差服从独立同分布，因此我们可基于 VAR（2）作因果关系检验。

与电气机械及器材制造业相关的产业如表 3.8 所示。

表 3.8　系统各变量之间的因果关系检验

原假设 H0 序号	数据	个数	F 值	P 值	结论
PGY 不是 PDQ 的因	1	9	4.62	0.09	拒绝
PJJ 不是 PDQ 的因	2	9	12.69	0.02	拒绝
PJT 不是 PDQ 的因	3	9	6.40	0.06	拒绝
PTX 不是 PDQ 的因	4	9	26.41	0.00	拒绝
PYQ 不是 PDQ 的因	5	9	7.95	0.04	拒绝
PZZ 不是 PDQ 的因	6	9	8.79	0.03	拒绝

续表

原假设 H0 序号	数据	个数	F 值	P 值	结论
PPG 不是 PDQ 的因	7	9	5.97	0.06	拒绝
PDQ 不是 PFJ 的因	8	9	12.44	0.02	拒绝
PDQ 不是 PFZ 的因	9	9	9.20	0.03	拒绝
PDQ 不是 PGY 的因	10	9	11.32	0.02	拒绝
PDQ 不是 PHX 的因	11	9	4.49	0.10	拒绝
PDQ 不是 PJT 的因	12	9	9.65	0.03	拒绝
PDQ 不是 PMC 的因	12	9	6.82	0.05	拒绝
PDQ 不是 PWJ 的因	12	9	5.89	0.06	拒绝
PDQ 不是 PYL 的因	12	9	8.41	0.04	拒绝
PDQ 不是 PYS 的因	12	9	6.56	0.05	拒绝
PDQ 不是 PZY 的因	12	9	5.72	0.07	拒绝
PDQ 不是 PZZ 的因	12	9	19.09	0.00	拒绝
PDQ 不是 PPG 的因	12	9	45.62	0.00	拒绝

根据表 3.8 中，在 10% 的显著水平上，拒绝原假设，我们有以下的结论：

首先，影响电气机械及器材制造业的产业主要有工艺品及其他制造业、家具制造业、交通运输设备制造业、电子设备制造业、仪器仪表及文化、办公用机械制造业、造纸及纸制品业和皮革、毛皮、羽毛制品业。

其次，受电气机械及器材制造业影响的主要非金属矿物制品业、纺织业、工艺品及其他制造业、化学原料及化学制品、交通运输设备制造业、木材加工、文教体育用品制造业、饮料制造业、印刷业和记录媒介的复制、专用设备制造业、造纸及纸制品业和皮革、毛皮、羽毛制品业。

2. 电气机械制造业与其行业感应度系数的计量分析

从上面的分析中，我们看到，电气机械及器材制造业对东莞各产业有着非常重要的作用，影响该产业以及该产业影响的产业都很多，为了进一步了解各产业之间的具体变动情况，我们仍然以电气机械及器材制造业为例，利用影响该产业的其他产业作为自变量进行计量分析，以期获得具体影响该产业的数据。

为了更好地说明其他制造业对电气机械及器材制造业的影响，我们利用各行业的资产总值作为代理变量，计算家具制造业（PJJ）、交通运输设备制造业（PJT）、电子信息制造业（PTX）、仪器仪表及文化、办公用机械制造业（PYQ）、造纸及纸制品业（PZZ）和皮革、毛皮、羽毛制品业（PPG）的资产总值对电气机械及器材制造业（PDQ）总产值的影响。

本研究的样本区间为2000—2013年的年度数据。以上变量均以对数的形式加以表示。

在进行协整分析之前，首先应该对上述变量运用ADF检验来判断数据是否是平稳序列。经过检验，我们发现各变量序列存在着单位根。而它们的一阶差分都在1%的显著水平下拒绝了单位根假设，表明各变量都是I（1）序列，可以进行协整分析。

对模型进行协整分析的方法主要Johansen协整检验和Engle—Granger两步法。由于数据是年度数据，因此，利用Engle—Granger两步法进行协整检验的效果会更好。

首先进行静态回归。考虑家具制造业和造纸业的效果可能存在着滞后效果，我们将法定这两个行业滞后一期，同时，为了解决异方差问题，我们首先利用命令生成一个残差的绝对值序列 e，然后我们令权数 $w=1/e$ 对各变量进行加权最小二乘估计，结果表明回归方程和方程中的各个变量都较为显著（见表3.9）。

方程的拟合优度为0.98，可见拟合水平较高，DW统计量为1.83，落在样本20，5个解释变量5%显著水平的DW统计量之间，无法判断其自相关性。我们采用 Q 统计量检验，滞后 9 期的 Q 统计量检验结果表明所有的 Q 值都小于 5% 显著水平的临界值。表明模型不存在自相关，而偏相关检验以及判定系数法也表明模型不存在多重共线性。

表 3.9　静态回归结果

变量	系数	标准差	T 统计量	双侧显著度
PJJ（-1）	0.619267	0.045854	13.50520	0.0009
PJT	0.204992	0.014062	14.57759	0.0007
PTX	0.076231	0.051526	1.479449	0.0056
PYQ	0.094284	0.022155	4.255668	0.0238
PZZ（-1）	-0.511825	0.083204	-6.151477	0.0086
PPG	0.524059	0.070114	7.474426	0.0050
C	0.891637	0.210254	4.240761	0.0029
R-squared	0.981709	Mean dependent var	6.409905	
Adjusted R - squared	0.945127	S. D. dependent var	0.316583	
S. E. of regression	0.074159	Sum squared resid	0.016499	
Durbin-Watson stat	1.830343			

其次，对静态回归的残差做单位根检验。无论是 ADF 值还是 PP 值，都远大于 1% 的显著水平下的临界值，即残差是平稳序列，不存在单位根。

因此 PDQ 、PJJ、PJT、PTX、PYQ、PZZ、PPG 确实存在着协整关系。协整方程如下：

$$PDQ = 0.89 + 0.62PJJ\ (-1) + 0.20PJT + 0.08PTX + 0.09PYQ - 0.51PZZ\ (-1) + 0.52PPG$$

利用协整方程，我们可以计算出电气机械制造业的感应度系数为 1.279378，这表明该产业感应程度高，容易受各产业部门影响的程度较大。在经济快速增长时，电气机械制造业发展速度将比较快。

利用上述方面，我们可以计算出其他制造业的感应度系数。我们可以看到，东莞制造业感应度系数大于1的有11个部门，大多集中在原材料、能源和运输部门等基础产业和传统的加工制造业部门，其产品大多具有中间产品的性质，这说明，这些部门对社会经济有较大的推动作用，在经济快速增长时，这些部门受到社会需求的压力最大，往往成为制约经济发展的“瓶颈”部门，但是利用好，将会极大地促进经济发展。

感应度系数低于社会平均水平的产业部门有10个，大多集中在与农业或者农产品相关的行业以及传统劳动密集型产业，这些部门受社会需求压力较小，有利于为经济发展节约资源。

（二）东莞制造业影响力系数分析

为了进一步了解各产业之间的具体变动情况，我们仍然以电气机械及器材制造业为例，以东莞 GDP 作为因变量进行计量分析，以期获得该行业的影响力系数。

为了更好地说明电气机械及器材制造业的影响力系数，我们利用东莞 GDP 总量作为因变量计算其对电气机械及器材制造业（PDQ）资产总值的影响.

本研究的样本区间为2000年到2013年的年度数据。以上变量均以对数的形式加以表示。

在进行协整分析之前，首先应该对上述变量运用 ADF 检验来判断数据是否是平稳序列。经过检验，我们发现各变量序列存在着单位根。由于数据是年度数据，因此，利用 Engle—Granger 两步法进行协整检验的效果会更好。

首先进行静态回归。具体情况如表3.10所示。方程的拟合优度为0.96，可见拟合水平较高，DW 统计量为1.92，落在样本20，5个解释变量5%显著水平的 DW 统计量之间，无法判断其自相关性。我们采用 Q 统计量检验，滞后9期的Q统计量检验结果表明所有的Q值都小于5%显著水平的临界值。表明模型不存在自相关，而偏相关检验以及判定系数法也表明模型不存在多重共线性。

表3.10 静态回归结果

变量	系数	标准差	T统计量	双侧显著度
PDQ	1.345432	0.082799	16.24929	0.0000
C	-3.477148	0.605768	-5.740067	0.0003
R-squared	0.967038	Mean dependent var		6.360944
Adjusted R-squared	0.963375	S. D. dependent var		0.341426
S. E. of regression	0.065341	Akaike info criterion		-2.455440
Sum squared resid	0.038425	Schwarz criterion		-2.383095
Log likelihood	15.50492	F-statistic		264.0396
Durbin-Watson stat	1.917569	Prob（F-statistic）		0.000000

其次，对静态回归的残差做单位根检验。无论是ADF值还是PP值，都远大于1%的显著水平下的临界值，即残差是平稳序列，不存在单位根。

因此PDQ、GDP实存在着协整关系。协整方程如下：

$$GDP = -3.477148 + 1.35PDQ$$

从拟合方程中我们可以看到，影响力系数为1.35大于1，表明电气机械制造业对经济的推动作用很大。

利用类似的方法，我们计算其他制造业的影响力系数，具体如表3.11所示。

表 3.11　东莞制造业影响力和感应度系数

部门	影响力系数	感应度系数
农副产品加工业	0. 634234	0. 798762
食品制造业	1. 047598	0. 697465
饮料制造业	0. 687325	0. 434545
纺织业	1. 193423	0. 956567
纺织服装、鞋、帽制造业	1. 168346	1. 168317
皮革、毛皮、羽毛（绒）及其制品业	1. 243765	0. 654545
木材加工及木、竹、藤、棕、草制品业	1. 123685	0. 932434
家具制造业	1. 342656	0. 969147
造纸及纸制品业	1. 253694	1. 168431
印刷业和记录媒介的复制	0. 921022	1. 123434
文教体育用品制造业	1. 025476	1. 172209
化工制品制造业	1. 183254	1. 434542
非金属矿物制品业	0. 738546	1. 045654
金属制品业	0. 833432	1. 075469
通用设备制造业	1. 046532	1. 034547
专用设备制造业	1. 067832	1. 056731
交通运输设备制造业	1. 032543	0. 957936
电气机械及器材制造业	1. 345432	1. 279378
通信设备、计算机及其他电子设备制造业	1. 392432	1. 848737
仪器仪表及文化、办公用机械制造业	1，132365	1. 198527
工艺品及其他制造业	1. 165432	0. 636986

由表 3. 11 可以看出，东莞制造业影响力系数大于 1 的有 16 个部门，位于前列的部门大多集中在通信设备、计算机及其他电子设备制造业、电气机械及器材制造业等部门，其产品具有中间产品和投资品的性质。

影响力系数小于 1 的部门有 5 个，主要是原料部门，属于较传统工业部门，主要为其他部门提供原材料，属于整个产业链中的后向部门，因而对其他部门的影响辐射力较小。

三、东莞制造业产业关联度交叉分析

根据影响力系数以及感应力系数，我们把东莞制造业分为四类：

1. 第一类是影响力系数和感应力系数均大于1

主要部门有仪器仪表及文化、办公用机械制造业、通信设备、计算机及其他电子设备制造业、电气机械及器材制造业、专用设备制造业、通用设备制造业、金属制品业、化工制品制造业、文教体育用品制造业、造纸及纸制品业和纺织制品业。

这样的部门具有强辐射和强制约双重性质，是其他部门所消耗的中间产品的主要供应者，同时，在生产过程中又大量消耗其他部门的产品，具有较强的辐射作用，是拉动国民经济发展的重要支柱产业。

2. 第二类是影响力系数小于1而感应力系数大于1

主要部门有印刷业和记录媒介的复制、金属采矿和非金属采矿业。这些部门具有弱辐射强约束的性质，大多为制造业中的能源产业和原材料产业部门，对东莞经济的发展有着较强的制约作用。考虑今后一定时期东莞经济快速健康发展的需要，应加强这些部门的改革和发展步伐。

3. 第三类是影响力大于1而感应力系数小于1

主要部门有食品制造业、纺织业、皮革、毛皮、羽毛（绒）及其制品业、木材加工及木、竹、藤、棕、草制品业、家具业、交通运输设备制造业以及工艺品及其他制造业。这样的部门具有强辐射弱约束性质，一般是发展较为成熟的产业。

4. 第四类是影响力系数和感应力系数均小于1

主要部门有农副产品加工业和饮料制造业。这些部门具有弱的辐射力和弱约束性质，由于其生产的产品一般为最终产品，这些产品将直接流到消费者手中，其前向和后向关联程度均较弱。

四、十大支柱制造业产业关联度分析

从表 3. 11 中我们可以看到，东莞十大支柱制造业中，除了食品制造业和家具制造业外，其他八大产业的影响力系数和感应力系数均大于 1，对经济发展的影响力排行前四的产业是电子信息制造业、电气机械制造业、家具业以及造纸业，影响力系数分别为 1. 39，1. 35，1. 34，1. 25。而感应力系数前四的产业有电子信息制造业、化工制造业、电气机械制造业以及仪表机械制造业，感应力系数分别为 1. 85、1. 43、1. 27、1. 19。

这表明，这些产业属于强约束强辐射产业，它们的发展与东莞经济的发展息息相关。随着东莞经济的发展，这些产业需要更多的原材料以备生产之需，强约束表明这些产业需要其他产业给予极大的支持，发展不好可能成为经济发展的瓶颈，但是强的影响力系数则又表明，这些产业的发展将会极大地推动着东莞经济的发展。因此，在未来的发展中，在加快转型升级的基础上大力发展这些产业则是重中之重。

第六节　小　结

随着东莞经济的发展，东莞制造业已经成为了东莞经济可持续发展的重点产业，特别是十大支柱性产业，关乎着东莞经济未来的走势，在东莞经济的转型发展中起着非常重要的作用。通过上述比较优势、投入产出以及产业关联度的分析，我们对东莞制造业特别是十大支柱性制造产业有了大致的了解，

一、东莞十大支柱性制造产业具有非常强的比较优势

通过对 2005—2013 年东莞制造业各行业进行比较优势核算，我们发

现，东莞制造业中一直处于极强比较优势的产业有电气机械及器材制造业、通信设备、计算机及其他电子设备制造业、家具制造业、通用设备制造业、专用设备制造业、文教体育用品制造业、纺织服装和鞋帽制造业、金属制品业、纺织业、交通运输设备制造业、塑料制品业、皮革、毛皮、羽毛（线）及其制品业、造纸及纸制品业、非金属矿物制品业等。

同时，我们发现，交通运输设备制造业、电气机械及器材制造业、家具制造业的比较优势是不断地加强的。这三个产业的 RCA 值在 2005 年的时候分别为 3. 18、120. 97 和 56. 75，经过几年的不断提升，到了 2013 年，RCA 值分别达到了 9. 52、140. 55 和 62. 67，这期间虽然受到 2009 年金融海啸的影响，但是这三个产业的出口增长还是比较迅猛，表明这些产业具有非常强的比较优势。

通过计算这些产业的比较优势，并结合东莞经济发展的特点，我们选出比较优势比较强的十大支柱性产业，即电气机械及器材制造业、通信设备、计算机及其他电子设备制造业、家具制造业、通用设备制造业、专用设备制造业、文教体育用品制造业、纺织服装和鞋帽制造业、造纸及纸制品业、食品制造业和化工制造业。

二、制造业劳动者报酬多为外国人赚取，国家税收较少，转型升级迫在眉急

从东莞制造业投入产出表中，我们可以发现，东莞制造业劳动者报酬非常高，而生产税净额非常低，这就表明，东莞制造业还处于微笑曲线的末端，大量的劳动者报酬以红利的方式为外国人赚取，同时，生产税净额非常低则表明制造业对国家的税收收入的贡献较低，所以这些都表明，东莞制造业转型升级迫在眉睫。

三、与苏州相比，东莞十大支柱性产业投入产出效率不高

与苏州相比，我们发现，东莞十大支柱性产业转型升级的任务迫在眉睫。东莞只有在传统优势产业上具有一定的优势，而在先进制造业的发展上，还有很大的距离。同时，与苏州相比，东莞十大支柱性产业投入产出效率不高，人均利润较低，经济效益较低，但是东莞十大支柱性产业产销率却比苏州高，表明，东莞产业在生产和销售的衔接上是比较高的，同时较高的产销率有利于东莞及早地摆脱金融危机的影响。

四、东莞十大支柱性产业关联度较高，具有强辐射强约束性质

东莞十大支柱性产业的影响力系数以及感应力系数基本都是大于1的，较大的影响力系数表明，东莞十大支柱性产业具有较强的辐射力，能够带动周边产业实现快速发展。这些年来，东莞经济持续快速发展，十大支柱性产业功不可没。较大的感应力系数则表明，这十大支柱性产业具有强约束力，表现在他们需要更多的资源支持，处理不好，很容易导致资源瓶颈，不利于经济的发展。当然，为了实现更大的产出，要求东莞经济必须对十大支柱性产业给予较大的支持，但是如何减少资源约束，实现十大支柱性产业转型升级则是当前和未来几年内东莞必须要着手解决的问题。

第四章　东莞制造业比较优势、投入产出及产业转型升级

不论是产业间还是产业内，东莞制造业各行业的比较优势都是以劳动密集型产业为主。在参与国际分工的过程中，资本密集行业的比重越来越多，很多资本密集型行业的比较优势在不断加大或者比较劣势在不断缩小，但是也要看到，东莞制造业以劳动要素的比较优势为基础参与国际分工，进口高质量高价格产品而出口低质量低价格的产品严重影响了东莞经济的可持续发展，东莞制造业必须要进行产业转型升级，否则将会进一步受制于外部经济的影响，2009 年源自美国的金融海啸就是很好的明证。应该说，作为资本劳动比的资本积累在东莞制造业比较优势演变过程中起到了非常重要的推动作用，资本积累完全可以成为东莞产业转型升级的重要抓手。本章将重点研究资本积累对东莞产业转型升级的作用，为下一章东莞制造业转型升级的路径提供很好地理论支持。

本章的架构大体是：第一节主要论述东莞比较优势、资本积累与产业转型升级之间的关系；第二节则从产业间贸易出发，重点探讨资本积累对东莞制造业产业升级的作用；第三节则主要从产业内贸易入手，剖析资本积累对东莞制造业产业升级的影响。

第一节　东莞制造业比较优势、资本积累与产业转型的关系

随着改革开放，特别是中国加入世贸组织，中国经济不断地融入经济全球化的浪潮中，东莞作为改革开放的排头兵，通过加工贸易使得工业特别是制造业得以迅猛发展，由此，东莞也获得了“中国制造名城”的称谓。但是随着全球化的不断深入，以加工贸易为主要模式的东莞制造业受制于外来经济影响的弊端凸显出来，特别是2009年的金融海啸对东莞经济影响很大，东莞制造业必须要产业升级，否则势必会影响东莞经济乃至全国经济的可持续发展。

从前几章的分析中，我们可以看到，东莞制造业的比较优势还是在劳动要素上。这种优势表现在产业间就是东莞制造业中比较优势主要集中在劳动密集型行业中；表现在产业内主要是东莞制造业产业内贸易主要发生在资本密集型行业的垂直贸易，但是从异质性角度看，这种产业内贸易进口的是高质量高价格产品，而出口的是低质量低价格产品。这表明了东莞制造业的这种垂直贸易仍然是以廉价的劳动要素为比较优势的基础。同时，我们也发现，不论是产业间还是产业内贸易行业，东莞制造业比较优势都不断地加大或者比较劣势都在缩小，其很大原因就是资本积累的不断加大。作为资本劳动比的资本积累在东莞制造业比较优势演变过程中起到了非常重要的推动作用。因此，我们断言资本积累的提高将会成为东莞制造业产业转型升级的关键。

从图4.1中，我们可以简单地看出，劳动要素是东莞制造业产业比较优势形成的基础，资本积累则是充当了比较优势和产业升级的桥梁。资本积累的不断加深是产业间和产业内比较优势不断加大的结果，同时，资本积累为产业转型升级提供了推动力。

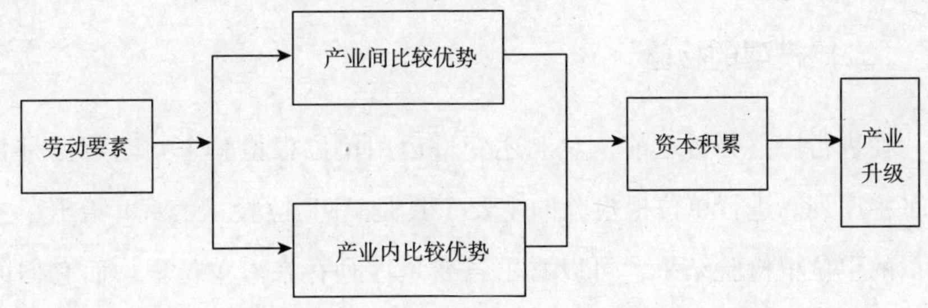

图 4.1　东莞制造业比较优势、资本积累与产业升级关系

第二节　东莞制造业资本积累与产业间转型升级

首先，我们就考察资本积累的特征及其东莞制造业在经济全球化情况下资本积累的动因。

一、资本积累与东莞制造业产值的关系研究

(一) 模型设定及其数据的选取

本模型将主要以 1990—2013 年东莞制造业各行业的人均产值作为因变量，人均资本作为自变量进行回归分析。数据源自历年《东莞统计年鉴》、黄埔海关及其他相关资料，模型形式如下：

$$y = \alpha_0 + \alpha_1 k + \varepsilon \tag{4.1}$$

其中，y 表示为人均制造业总产值指标，y = 制造业总产值/制造业职工人数。k 表示人均资本，k = 制造业资产总值/制造业职工人数。

上述变量都是用对数形式表示，所有数据处理都用统计软件 Eviews5. 0 完成。

（二）模型的检验

在进行协整分析之前，对上述变量运用单位根检验来判断数据是否是平稳序列。进行单位根检验的主要工具是 ADF 检验。表 4.1 给出了各变量的单位根检验结果，可以看出各变量序列存在着单位根。而它们的一阶差分都在 1% 的显著水平下拒绝了单位根假设，表明各变量都是 I（1)序列。

表 4.1　变量的单位根检验

变量	水平检验结果			一阶差分检验结果			临界水平	
	检验形式 C，T，L	ADF 统计	P 值	检验形式 C，T，L	ADF 统计	P 值	1% 临界值	5% 临界值
y	(0，0，0)	0.75	0.84	(0，0，0)	-2.52	0.03 *	-2.94	-2.00
k	(1，0，1)	-3.2	0.15	(1，1，1)	-6.32	0.00	-5.84	-4.25

注：检验形式（C，T，L）分别代表截距、时间趋势和滞后阶数。滞后阶数是按照最小 AIC 准则并结合渐进 t 检验予以确定的。其中，* 表示在 5% 的显著水平下成立。

（三）模型的 Granger 因果检验

在进行协整检验之前，我们试图通过 Granger 因果检验对人均产值 y 和人均资本 k 变动之间的内生关系进行检验。

Granger 因果检验是基于系统的向量自回归（VAR）来定义的（Søren Johansen 2000)。在考察序列 x 是否是序列 y 产生的原因时，采用的方法是先估计当前的 y 值被其自身滞后期取值所能解释的程度，然后验证通过引入序列 x 的滞后值是否可以提高 y 的被解释程度，如果提高，就称序列 x 是 y 的 Granger 因，此时 x 的滞后期系数具有统计显著性（Granger 1980)。其双变量回归如下：

$$y_t = \alpha_0 + \alpha_1 y_{t-1} + \cdots\cdots + \alpha_k y_{t-k} + \beta_1 x_{t-1} + \cdots\cdots + \beta_k x_{t-k} \quad (4.2)$$

$$x_t = \alpha_0 + \alpha_1 x_{t-1} + \cdots\cdots. + \alpha_k. x_{t-k} + \beta_1 y_{t-1} + \cdots\cdots. + \beta_k y_{t-k} \quad (4.3)$$

如接受 $H_{01}: \beta_1 = \beta_2 = \cdots\cdots = \beta_k = 0$，则 x 不是 y 的 Granger 因；而接受 $H_{02}: \alpha_1 = \alpha_2 = \cdots\cdots = \alpha_k = 0$，则 y 不是 x 的 Granger 因。这样，使用 F 检验即可实现 Granger 因果关系检验。

$$F = \frac{(RSS_R - RSS_U)/J}{RSS_U/(T-K)} \sim F(J, T-K) \quad (4.4)$$

其中，RSS_R 和 RSS_U 分别表示在 H_{01}（或者 H_{02}）之下的约束和无约束的残差平方和，J 和 K 则分别表示约束个数和回归因子的个数。

但是，上述检验要求残差必须是具有独立同分布性质，这就要求在实证研究中必须确定滞后阶的问题。因此，本书实施格兰杰因果检验的路径包括：首先，选取初步的滞后阶，估计 VAR；其次，对残差进行诊断检验，并调整滞后阶；最后，对最终估计的 VAR 方程进行参数约束检验，确定变量之间是否成立因果关系（Granger 1987）。

首先，对变量 y、k 进行数据图分析，具体情况如图 4.2 所示。

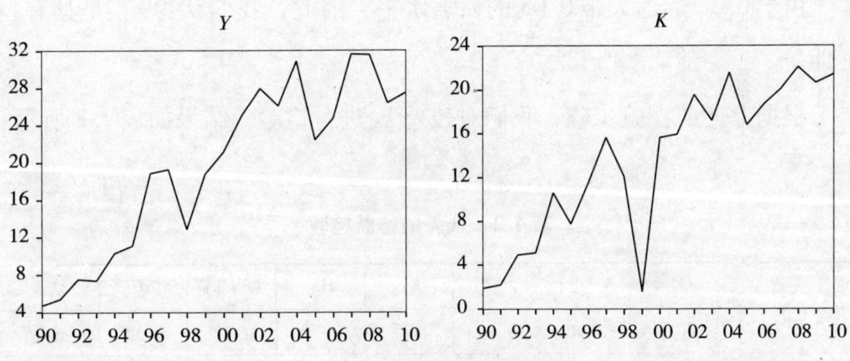

图 4.2　各变量数据图

从图 4.2 中，我们基本上可以判断出，这两个变量的数据轨迹类似于随机游走，所以我们在设定 VAR 方程的时候，省略掉截据项。经过不断试验，我们初步选取 VAR 方程的滞后阶数为 2，对应的 VAR（2）方程的估计如下：

$$k_t = -0.32k_{t-1} - 0.02k_{t-2} + 0.78y_{t-1} + 0.09y_{t-2} + \varepsilon_{1t} \qquad (4.5)$$

$$y_t = -0.21k_{t-1} + 0.19k_{t-1}0.70y_{t-1} + 0.14y_{t-2} + \varepsilon_{2t} \qquad (4.6)$$

结合上述 VAR（2）方程，我们在下面将对其残差进行诊断。

根据方程（4.5）的残差 ε_{1t} 我们可以计算出偏度值和峰度值，分别为

$$S = -1.01, \ k = 3.91$$

所以，检验其是否是正态分布的 Jarque-Bera 统计量值为

$$N(2) = 3.90$$

经过查表我们知道，5% 的显著水平下，自由度为 2 的 χ^2 的临界值为 5.99，由于 3.90 < 5.99，因此，我们接受原假设，即 ε_{1t} 服从正态分布，且服从正态分布的概率为 0.14。

下面对残差进行独立同分布检验，检验 ε_{1t} 是否是独立同分布的统计量及其对应的概率值分别为

$$Q(3) = 4.52, \ P = 0.38$$

由于 0.38 远远大于 0.05 的显著水平，因此，我们认为 ε_{1t} 是具有独立性。

根据上述的检验步骤，我们对残差 ε_{2t} 进行检验，结果如表 4.2 所示。

表 4.2　残差的诊断检验

残差	H_0	N（2）	P 值	结论	H_{01}	Q（3）	P 值	结论
ε_{1t}	正态	3.90	0.14	接受	i. i. d	4.52	0.38	接受
ε_{2t}	正态	0.15	0.93	接受	i. i. d	3.22	0.14	接受

从表 4.2 可以看出，所有残差在 0.05 的水平上服从正态分布的，并且是独立同分布的，因此，可以得到这样的结论：所有残差均通过诊断

检验。这样，我们就可以基于 VAR（2）作因果关系检验。

按照方程（4.4）的顺序，记相应的变量系数为 θ_i(其中 $i = 1,2$)。人均资本 k 不是人均产值 y 的因即可表示为 $H_{01}: \theta_1 = \theta_2 = 0$，对这一原假设的检验即计算前面所定义的 F 值，其结果为

$$F = 7.11, \ P = 0.0074$$

P 值明显低于 0.05 的显著水平，拒绝原假设，表明人均资本 k 是人均产值 y 的因。对其他变量之间的因果关系可类似地实现，其结果如表 4.3 所示。

从表 4.3 中我们可以看到，在原假设 1 中，由于 P 值 0.00 远小于 0.05 的显著水平，我们拒绝原假设，接受备则假设，认为人均资本 k 是人均产值 y 的因，也就是说东莞制造业人均资本存量的增加是造成制造业人均产值不断增加的原因。而相反，在原假设 2 中，由于 P 值 0.64 远远大于 0.05 的显著水平，因此，我们接受原假设，认为人均产值 y 不是人均资本 k 的因。也就说东莞制造业人均产值的增加不是人均资本积累的一个原因。

表 4.3　系统各变量之间的因果关系检验

原假设 H_0	序号	数据个数	F 值	P 值	结论
k 不是 y 的因	1	19	7.11	0.00	拒绝
y 不是 k 的因	2	19	0.45	0.64	接受

（四）模型的协整分析

一般而言，进行协整检验的方法主要是 Johansen 协整检验和 Engle-Granger 两步法。由于我们的数据是年度数据，因此，利用 Engle-Granger 两步法进行协整检验的效果将会更好（张晓朴，1999）。首先对所有变量进行静态回归，结果如表 4.4 所示。

表4.4　各变量估计结果

Variable	Coefficient	Std. Error	t-Statistic	Prob.
k	1.0126	0.127225	7.9592	0.00
c	4.0812	1.924903	2.1202	0.04
R-squared	0.8119	Mean dependent var	19.6044	
AdjustedR-squared	0.80202	S. D. dependent var	9.0225	
S. E. of regression	4.01449	F-statistic	82.0234	
Sum squared resid	306.207	Prob（F-statistic）	0.000000	
D—W	2.1322			

从表4.4中可以看出，各变量都较为显著，模型的显著性也很强。我们采用Q统计量检验，结果表明所有的Q值都小于5%显著水平的临界值。表明模型不存在自相关，而偏相关检验以及判定系数法也表明模型不存在多重共线性。

对静态回归的残差做单位根检验，结果如表4.5。

表4.5　残差单位根检验

ADF统计量	-4.5718	1%显著水平	-3.8085
		5%显著水平	-3.0206
		10%显著水平	-2.6504

从表4.5中可以看出，对于ADF值-4.5718，都远小于1%、5%、10%的显著水平下的临界值，即残差是平稳序列，不存在单位根。因此y、k确实存在着协整关系。

（五）模型结果分析

从上述的分析中，我们发现资本积累k与制造业产值y直接存在着协整关系，具体的协整方程如下：

$$y = 4.08 + 1.0126k + \varepsilon \qquad (4.7)$$

从4.7的协整方程中，我们可以看出，东莞人均制造业的总产值对人均资本的弹性为1.0126，近似地接近于1，也就是说，此时资本的产出弹性近似等于常数1，这也就是表明资本积累能够以不变的边际报酬增加，而这一报酬刺激也将会反过来确保资本积累持续进行下去，这种良性循环就是资本积累的最大动因。

资本以不变的边际报酬积累，使得东莞制造业的发展具有了凸性增长的含义。这种增长形式的基本含义是即便在储蓄率不变的条件下，储蓄的规模将会跟随经济的增长不断增长，而银行等金融机构再通过将储蓄转化为资本，资本的禀赋将会不断得到改善，这就非常有利于推动东莞制造业资本密集型产业更加具有比较优势。

从实际上看，东莞的储蓄随着东莞经济的发展，自改革开放以来都是不断上升的。1978年，东莞城乡居民储蓄存款为0.54亿元，到2009年时，城乡居民储蓄存款上升到2904.57亿元。储蓄存款的大量增加伴随着储蓄率的持续上升，再加上人均制造业总产值规模的增加，这就进一步使得人均储蓄规模以更高的速率上升，这对于提高东莞长期稳态的资本劳动比例，进而提高东莞的资本富裕程度，促进东莞制造业资本密集型产业比较优势状况的改善是非常有利的。而这正好可以引导东莞制造业从劳动密集型产业为主向资本密集型产业为主转变，从而推动东莞制造业产业结构的有序更替，最终实现产业结构转型升级。

二、东莞制造业资本积累对比较优势及其产业结构影响分析

东莞制造业的资产总值从1990年的39.46亿元增加到2013年的6012.55亿元，增长了151.37倍。相应的资本劳动比例从1990年的1.89，上升到2013年的21.42，这20年间，东莞制造业资本劳动比年均增长率为12.9%。但是，经过实证研究，我们发现，资本积累对制造业

中劳动密集型和资本密集型产业比较优势及其产业结构的影响是不同的。下面，我们根据 Deardorff（1974，2000）的分析方法①将劳动密集性产业和资本密集型产业的人均产值分成两部分，然后分别对相应的人均资本进行回归，回归方程如下：

$$y_k = 5.26 + 0.7452k + \varepsilon \tag{4.8}$$

（9.2131）（4.2532）$R^2 = 0.9235$

$$y_L = -1.18 + 0.2674k + \varepsilon \tag{4.9}$$

（-3.2512）（3.2547）$R^2 = 0.9374$

其中表示资本密集型行业和劳动密集型行业的人均产值，括号内的是各变量的 t 检验值。

从这两个方程可以看出，资本积累不论是对资本密集型还是对劳动密集型行业都具有正的推动作用，但是影响程度不同，人均资本每增加 1%，导致资本密集型行业的人均产值提高 0.74%，而导致劳动密集型行业的人均产值提高 0.26%。这表明，资本积累对资本密集型产业人均产值所起的作用要比对劳动密集型产业人均产值所起的作用大。

结合制造业各产业的 RCA 值，我们也可以发现，东莞制造业的资本积累有效地提高了资本劳动比，其结果就是使得一些资本相对密集的产业也开始具备比较优势或者比较劣势的状况得以改善。下面以交通运输设备制造业和黑色金属冶炼及压延加工业为例子具体说明。

东莞交通运输设备制造业的总资产在 2005 年为 23.69 亿元，到 2013 年，该产业的总资产达到 100.11 亿元，增加了 3.23 倍。同时，这个产业接受的劳动者就业人数从 2005 年的 8903 人，增加到 2013 年的 21652 人，增加了 1.43 倍。由于资本积累的速度超过了就业人口数使得该产业的资本劳动比例从 2005 年的 26.60 上升到 2013 年的 46.24，资本密集程度大

① 这种方法我们在第三章关于资本密集型产业和劳动密集型产业的区分中使用过。

幅度的提高。该产业的RCA指标从2005年的3.18上升到2013年的10，表明交通运输设备制造业已稳定地成为东莞的极强比较优势产业。

东莞黑色金属冶炼制造业则是资本密集型产业中比较劣势得以改善的典型代表。该产业总资产在2005年为17.70亿元，到2013年，该产业的总资产达到31.57亿元，增长了78.37%。同时，这个产业接受的劳动者就业人数从2005年的1791人，增加到2013年的2978人，增长了66.28%。这样该产业的资本劳动比例从2005年的98.84上升到106，资本密集度提高的同时，该产业的RCA指标从2005年的0.33上升到2013年的0.74。虽然该产业仍然处于比较劣势，但是随着资本积累的提高，该产业的比较劣势得到了改善。

资本要素禀赋程度的改善是资本密集型产业逐渐转变或者进一步加强比较优势产业的根本，因此，笔者认为，资本积累是东莞制造业改善产业结构的前提条件。但是，也应该看到，东莞制造业的资本积累还不足，资本密集型产业还不能取代劳动密集型产业成为比较优势的主导产业，因此，加快资本积累在未来的一段时间内仍将在东莞工业化进程中占有非常重要的地位。

综上所述，资本积累不论是对资本密集型产业还是对劳动密集型产业都具有推动作用，只不过对资本密集型产业的推动作用更大一些，东莞制造业的实际情况也证实了这一点，这在很大程度上也说明了东莞制造业的产业结构在改革开放以来已经出现了一定程度的优化。不过，要进一步深化东莞制造业的产业结构调整，仍须不断的资本积累和技术进步。

第三节　东莞制造业资本积累与产业内转型升级

在上一章分析中，我们发现，东莞制造业产业内贸易主要以劳动要素作为比较优势的基础，以垂直贸易为主，但是出口的都是低质量、低价格产品，而进口的则是高质量高价格产品，这种分工的格局在劳动要素价格比较低廉的时候可能对经济发展具有一定的贡献，但是随着我国劳动要素价格水平的不断上涨，这种分工格局的弊端越来越突显。东莞制造业产业结构转型升级迫在眉睫。

上一节的分析已经表明，资本积累对东莞制造业产业间升级具有非常重要作用，那么对制造业产业内升级是否也具有很重要的作用呢？在本节中，我们将详细阐述这个问题。

一、资本积累对产业内转型升级影响的理论分析

下面，我们将利用 Deardorff（2001）提出的新 H-O 理论分析东莞制造业如何通过资本积累实现产业内结构的升级。

理论假设：

（1）不同质量产品反映的复杂程度是不同的，不同的复杂程度要求不同的资本劳动比例，也就是说，高质量的产品与更为资本密集的生产技术和更高的价格相对应。

（2）假定某一产业内有一系列连续的不同质量的产品种类，每种质量的序号为 i，$i \in (0,1)$ 越小表示该种质量和资本密集度就越高。用 $c(w,r,i)$ 表示品种 i 的单位成本函数，其中，w 表示工资，r 表示资本价格利息。当市场处于完全竞争时，零利润，成本与价格相等，此时

$$\frac{\partial c(w,r,i)}{\partial i} < 0 \tag{4.10}$$

现在有两个国家，其中一个国家是劳动丰富的本国，其单位成本函数可以用 $c(w,r,i)$ 表示，另一个国家为资本丰富的外国，其单位成本函数用 $c(\bar{w},\bar{r},\bar{i})$ 表示。如图 4.3 所示。两国初始的分工临界点为 i^{*1}。在 i^{*1} 的左侧，外国的单位成本函数比本国的低，表明外国在资本密

集型产品种类的生产上具有比较优势；在 i^{*1} 的右侧，本国的单位成本函数比外国低，表明本国在劳动密集型产品种类上具有比较优势。

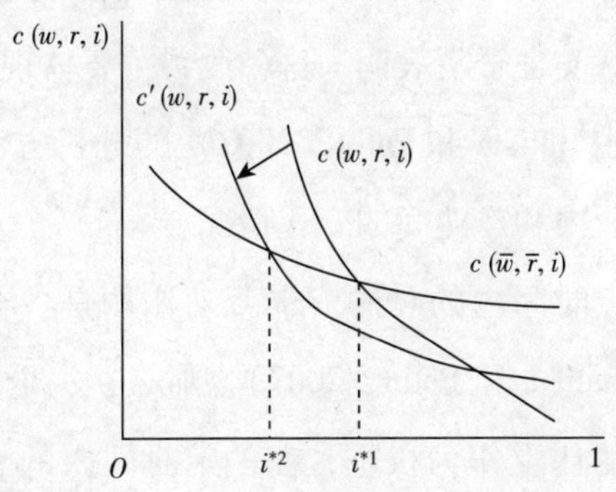

图 4.3　资本积累与产业内转型升级

在资本是这一产业的特定要素情况下，如果本国由于某些原因（比如外资的涌入）导致资本存量增加，那么本国资本的价格利息 r 相对于劳动者的工资 w 就会降低，那么本国在生产相对资本密集产品品种上的成本也就会相应下降，而在生产劳动相对密集产品的成本就会相应的上升，表现图 4.3 中，本国的单位成本函数就从 c（w，r，i）上升到 c'（w，r，i），这时候，两国分工的临界点从 i^{*1}变成了 i^{*2}。这一结果表示，资本积累使得本国可以在生产相对资本密集型的产品品种上变得更加具有比较优势。

根据上述分析，东莞制造业各产业要想实现从低质量向高质量、从低加工度向高加工度的产业结构转型升级，资本和技术积累是非常重要的。为了获取更高附加值，更为了东莞经济的长期可持续发展，在东莞市政府的大力支持下，东莞制造业企业也必然会自主地进行资本和技术积累，东莞制造业产业内结构的升级也因此将逐步实现。

二、资本积累对东莞制造业产业内转型升级的影响分析

东莞制造业资本积累对各行业的资本劳动比的改善实际上从2000年以来就大大改善了，实证分析表明，这种改善主要体现在行业内部。

下面，我们利用Batista和Potin（2007）的分析方法来研究东莞制造业资本劳动比在产业内和产业间的变化情况。

一个国家在一定时间内的总的资本劳动比例是各个产业资本劳动比例的加权平均数（Batista和Potin，2007），那么，一个国家利用某产业所使用劳动占总劳动的比重作为权重，在一定时间内的总的资本劳动比例可表示为：

$$\frac{K^t}{L^t} = \frac{\sum_{i=1}^{n} k_i^t}{\sum_{i=1}^{n} L_i^t} = \sum_{i=1}^{n} s_i^t \frac{K_i^t}{L_i^t} \tag{4.11}$$

其中，K、L分别表示资本和劳动，t表示时间，i表示产业（$i=1, 2, \cdots, n$），s_i表示产业i中劳动占总劳动的比重，$s_i^t = \frac{L_i^t}{\sum_{i=1}^{n} L_i^t}$。

这样，我们就可以把资本劳动比分解成为产业间和产业内变化两个部分。具体公式如下：

$$\Delta\left(\frac{K}{L}\right)^{t,t+1} = \frac{K^{t+1}}{L^{t+1}} - \frac{K^t}{L^t} = \underbrace{\sum_{t=1}^{n} (s_t^{t+1} - s_t^t) \frac{K_t}{L_t}}_{\text{行业间变化}} + \underbrace{\sum_{t=1}^{n} s_t \left(\frac{K_{t+1\,t}}{L_t + 1_t} - \frac{K_t^t}{L_t^t}\right)}_{\text{行业内变化}} \tag{4.12}$$

其中，$s_1 = \frac{s_i^t + s_i^{t+1}}{2}, \frac{K_t}{L_t} = \frac{\frac{K_i^t}{L_i^t} + \frac{K_i^{t+1}}{L_i^{t+1}}}{2}$

一般而言，如果产业内变化是正数，则表示各产业的资本变得更加密集，产业内分工和资本积累就可以解释该国或者地区总的资本劳动比例变化；如果产业间变化若是正数，就说明了该国或者地区资本密集型

产业所占比重在上升。

为了更好地说明问题，我们先分析 2000—2013 年东莞制造业总资本劳动比例关系变化情况，具体如表 4. 6 所示。

表 4. 6　东莞制造业总资本劳动比例变化情况表

时间区间	总资本劳动比例变化	行业间变化	行业内变化
2000—2001	0. 3307	0. 1627	0. 16335
2001—2002	0. 7084	－0. 17831	0. 886631
2002—2003	2. 0356	0. 202344	1. 833188
2003—2004	1. 5167	－0. 01146	1. 528061
2004—2005	－1. 9793	0. 346216	－2. 32542
2005—2006	1. 66345	0. 045576	1. 617873
2006—2007	3. 350667	0. 303379	3. 047288
2007—2008	－3. 07167	－0. 48196	－2. 58971
2008—2009	2. 11907	0. 169599	1. 94947
2009—2013	0. 883988	0. 250875	0. 633113

从表 4. 6 中可以看到，2000—2013 年东莞制造业总资本劳动比例中，除了 2001—2002 年、2003—2004 年以及 2007—2008 年外，东莞制造业中产业间的变化也是正的，表明了资本密集型产业的份额一直在上升。但是也要看到，产业间变化虽然绝大多数为正数，但是数额较小，也表明了东莞制造业各产业虽然资本密集程度在上升，但是制造业仍然是以劳动密集型产业为主。

再看产业内变化，除了 2004—2005 年和 2007—2008 年外，东莞制造业中产业内变化都是正的，而且变化值相对都很大，这表明东莞制造业各个产业变得更加资本密集，资本积累在东莞制造业各产业内占据了主导地位。从各产业资本劳动比的具体情况中，我们也能够看到。除了印刷业和记录媒介的复制、化学纤维制造业外，其余 24 个行业的资本劳动比例都出现了不同程度的上升，产业内的资本要素积累非常明显。其中改善最大的是农副产品加工业和工艺品及其他制造业。其资本劳动比例在这平均10年的时间里分别增加了943.37%和290.27%。其余的诸如造纸及纸制品业、化学原料及化学制品制造业、非金属矿物制品业、通用设备制造业、交通运输设备制造业等资本劳动比例增加的幅度也超过了100%。东莞制造业各行业内部的资本积累无疑为产业内的结构转型升级创造了重要前提和深厚的基础。

第四节　小　结

本章主要从产业间和产业内两个方面论述了东莞制造业比较优势及其产业升级。本章首先分析了东莞制造业比较优势、资本积累与产业转型的关系。作者认为，劳动要素是东莞制造业产业比较优势形成的基础，资本积累则是充当了比较优势和产业升级的桥梁。资本积累的不断加深是产业间和产业内比较优势不断加大的结果，同时，资本积累为产业转型升级提供了推动力。

资本积累对东莞制造业产业间升级具有非常大的作用。作者利用1990—2013年的数据分析了资本积累与东莞制造业产值之间的关系，发现，东莞资本的产出弹性近似等于常数1，这也就是表明资本积累能够以不变的边际报酬增加，而这一报酬刺激也将会反过来确保资本积累持续进行下去，这种良性循环就是资本积累的最大动因。同时，研究还证实资本积累不论是对资本密集型产业还是对劳动密集型行业都具有推动作用，只不过对资本密集型产业的推动作用更大一些，东莞制造业的实际情况也证实了这一点，这在很大程度上说明了也说明东莞制造业的产业结构在改革开放以来已经出现了一定程度的优化。不过，要进一步深化对东莞制造业产业结构调整，仍须不断的资本积累和技术进步。

资本积累对东莞制造业产业内升级具有明显作用。2000—2013 年东莞制造业总资本劳动比例关系变化情况表明，除了 2004—2005 年和 2007—2008 年外，东莞制造业中产业内变化都是正的，而且变化值相对都很大，这表明东莞制造业各个产业变得更加资本密集，资本积累在东莞制造业各产业内占据了主导地位。同时，2000—2013 年东莞制造业总资本劳动比例中，除了 2001—2002 年、2003—2004 年以及 2007—2008 年外，东莞制造业中产业间的变化也是正的，表明了资本密集型产业的份额一直在上升。但是也要看到，产业间变化虽然绝大多数为正数，但是数额较小，也表明了东莞制造业各产业虽然资本密集程度在上升，但是制造业仍然是以劳动密集型产业为主。

第五章　建议和对策

从上面几章的分析中，我们发现，东莞制造业不论是产业间比较优势还是产业内的比较优势，都是以劳动密集型为基础的。但是，随着东莞制造业资本积累的不断深入，各行业资本劳动比例逐步提高，东莞制造业已经开始向资本密集型行业转变。这是东莞制造业未来产业转型升级的方向。在本章中，我们将针对前几章的分析，提出东莞制造业产业转型升级的路径以及转型升级的建议和对策。

本章的大体结构如下：第一节主要论述东莞产业转型升级现状及取得的成效；第二节将主要分析东莞制造业产业转型升级的路径；第三节将主要针对东莞制造业产业转型升级提出建议和对策。

第一节　东莞产业转型升级的现状及存在的机遇和挑战

一、东莞制造业产业升级的现状及其采取的措施

经济发展到一定程度就必然会要求产业结构调整。改革开放以来，东莞共发生了两次比较大的产业结构调整：第一次是承接香港纺织服装、玩具手表等劳动密集型产业的转移；第二次是承接以台湾为典型代表的IT行业的转移。应该说正是这两次产业结构的调整和转移带动了东莞经

济的持续发展，形成了东莞以加工制造为主、外向型发展的产业结构。但是，这种产业结构特别是制造业的这种产业结构也带来了很大弊端：（1）产业结构不合理，工业特别是制造业比重过大，使得第三产业的支撑力度不够；（2）制造业产业处于价值链的地段，增值能力低下；（3）受外国经济影响非常大，容易使得经济受制于人；（4）环境破坏严重，不利于制造业产业的可持续发展。特别是2009年的金融海啸对东莞制造业的沉重打击就为很好的明证。

为了加快产业结构升级，东莞市政府目前已经出台了一系列政策措施：

第一，统一了思想认识。2008年以来，东莞市政府先后召开了5场座谈会，强调结构调整的重要性，要求做到“四个忍得住”——忍得住暂时的阵痛、忍得住暂时速度的放缓、忍得住暂时收入的减少、忍得住社会的非议[①]。

第二，按部就班推动地推进了四类试点工作。东莞市政府出台了《东莞产业发展白皮书》和《东莞市产业结构调整升级试点工作方案》，在全市范围内选择了4类62个单位进行产业调整试点。

第三，制定完善“1+26”政策体系。东莞市政府针对众多阻碍产业调整的问题，制定了《关于推进产业结构调整促进产业转型升级的意见》以及26个配套政策。

第四，出台了“6个10亿元”帮助扶持措施。为了有效地防范金融海啸，东莞市政府出台了“6个10亿元”政策，帮助企业。这些政策主要有：10亿元的产业转型升级专项资金；10亿元的“科技东莞”专项资金；10亿元的“创业东莞”专项资金；10亿元重点中小企业和加工贸易企业融资支持计划；规范和清理行政事业收费，为企业减轻负担近10亿

① 王思煜等：《东莞经济社会发展研究2009》，广东人民出版社2009年版。

元；10 亿元的进出口企业台账周转资金①。这些措施有效地促进了东莞企业特别是制造业企业的产业结构调整和升级。

第五，搭建了政府服务平台、科技提升平台和市场拓展平台等三大服务平台。其中科技提升平台方面建立了 10 个公共科技创新平台、10 个专业镇技术创新平台和 34 个省级企业工程技术中心，4 个博士后科研工作站②，为东莞制造业的产业转型升级提供了科技支持。

第六，重点做好了三大关键工作。通过提升设备水平、创新能力等升级转型一批加工企业；通过严把企业关、实行差别价格策略淘汰一批低端企业；通过招商引资，发挥园区优势，引进一批高端企业。

通过了上述措施，东莞制造业产业转型升级取得了一定的效果，制造业结构逐步优化。2008 年通用设备制造业、交通运输设备制造业以及电气机械制造业等行业的在总产值中所占的比重都大幅度提高，产品结构有了一定程度的优化，机电产品出口占贸易总出口的比重在 70% 以上。

二、东莞制造业转型升级存在的机遇和挑战

上述的措施使得东莞制造业转型升级得以顺利进行，但是我们也应该看到，在东莞制造业转型升级的过程中仍然存在一系列问题，这些问题有机遇也有挑战，具体情况如下。

（一）东莞制造业转型升级存在的机遇

第一，市场机制运行良好为东莞产业转型提供了良好的制度保证。东莞是改革开放的排头兵，私营经济在整个东莞市场经济中所占比重较大，加之政府很少干预市场，市场经济环境较为合理和完善。这为东莞制造业转型升级提供了制度政策条件。

---

① 王思煜等：《东莞经济社会发展研究 2009》，广东人民出版社 2009 年版。

② 王思煜等：《东莞经济社会发展研究 2009》，广东人民出版社 2009 年版。

第二，区位优势为制造业转型升级提供了重要支撑。东莞地处广深产业走廊黄金区间，广州和深圳的辐射作用带动东莞经济迅速发展，这为东莞制造业转型提供了重要保证。同时，在这个区域内，市场需求相对旺盛，交通较为便利，临近市场还可以提供创新压力和机遇，这就为企业节省了大量的生产和交易成本。所有这一切都为东莞产业升级提供重要支撑。

第三，产业集聚为制造业产业升级提供了技术条件。东莞制造业的主要特色在于两头在外、本地配套较为完善，特别是电脑资讯产业更是如此。由于两头在外使得东莞市场、设备、技术、研发逐步国际化，制造业产业的整体水平也不断向国际靠拢，这能够带动产业结构优化、升级。同时，产业配套较为完善，形成了比较完善的生产、销售和配套服务体系。这有利于企业向产业集聚方向发展，有利于减少企业的生产成本和交易费用，使得企业有动力进一步创新和进行产业升级。

第四，熟练劳动力、资金等生产要素资源为制造业产业升级提供了重要保障。东莞的劳动力资源相对比较丰富，特别是成本低廉、技能娴熟的外来劳动力较为充沛。这就为东莞制造业产业升级提供重要的人力资本。同时，充沛的资金也为东莞制造业转型升级提供保障，外资是东莞工业发展的主要支撑，同时内资尤其是民间资金充足。这些丰富的生产要素资源为东莞制造业转型升级提供了重要的保障。

（二）东莞制造业转型升级存在的挑战

第一，土地资源供给相对紧张制约产业升级的发展。经过这么多年发展，东莞可利用的土地资源接近饱和，土地供给变得日趋紧张，成本大幅度上升，这就在很大程度上制约了现有企业的增资扩产和大项目的招商引资。

第二，劳动力整体素质偏低，制约产业进一步转型升级。东莞的劳动力虽然比较丰富，但是这些产业工人多以初中及其以下学历为主，较低的学历水平加上东莞企业多以加工贸易为主，对工人素质本来要求就不高，这就使得很多企业处于解决成本对工人的培训不重视，工人人力资本积累不多，严重地抑制了制造业的转型升级。

第三，自主技术、核心技术缺乏使得产业转型升级存在瓶颈。东莞主要是以加工贸易为主，三来一补的加工模式使得东莞的制造业更多地是依靠廉价的劳动力进行低端低附加值的重复简单劳动生产，长此以往使得东莞制造业缺乏自主技术和核心技术。虽然外资企业大量涌入，但是关键技术、核心技术控制在外资企业的母公司手中，东莞本地企业自主开发的技术不足。这就使得东莞制造业试图进一步转型升级存在瓶颈。

第四，金融制度创新滞后进一步阻碍了东莞制造业产业转型升级。东莞金融制度创新相对滞后，这与受到国家和广东省金融制度的影响有关，东莞在金融制度改革方面的话语权比较小，这就使得东莞无论是直接融资还是间接融资方面的金融改革与深圳、广州相比都相当滞后，为民营经济进行金融服务的制度创新滞后，各类民间金融中介服务机构不发达，制造业企业特别是中小企业融资困难，进一步阻碍了东莞制造业产业转型升级。

第二节　东莞制造业产业转型升级的路径

随着全球经济一体化的不断演进，东莞全方位地参与国际分工。前几章的分析中我们已经知道，东莞制造业实际上主要以劳动密集型为比较优势参与国际分工。要素禀赋的变化直接影响东莞制造业各行业的生产技术，从而影响制造业产业结构的转型升级。随着东莞制造业资本积累的不断加剧，东莞制造业产业转型升级的时机日渐成熟。

众所周知，比较优势理论从表征上看是研究一国进出口的方向和结构，但实际上这一理论是在深刻地探讨一国贸易结构与产业结构之间的关系。要素禀赋的不同使得在产品生产上具有潜在比较优势的各国和地区，通过参与国际分工，分别根据世界相对价格水平调整着各自的生产结构和消费结构，从而形成各国与进出口相对应的专属产业结构。而这种产业结构能够使得该国充分发挥本国丰裕要素的优势，从而使得该国在国际贸易中获得收益，那么这种产业结构就会得到进一步加强。一旦该国的要素禀赋发生改变，该国的比较优势行业也就会随之发生变化，产业结构也必然会随之发生改变，产业升级就悄然发生了。

因此，从动态角度上看，东莞制造业产业转型升级的路径可以用图5.1表示。

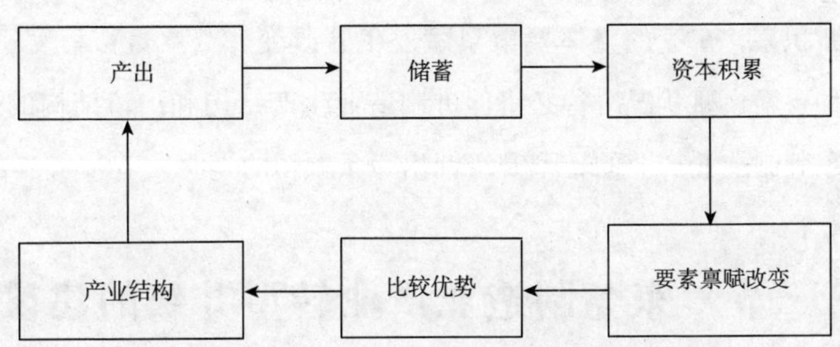

图5.1　东莞制造业产业转型升级路径图

图5.1是一个无限循环的简单示意图。产出的增加通过储蓄使得企业资本积累不断增加，这种资本积累使得一国比较优势发生改变，从而导致产业结构转型升级，升级后的产业会生产出更多的产出，从而进一步增加资本积累，进一步强化比较优势，从而促进更深化的产业转型和升级。下面，我们结合图5.1，根据东莞制造业的实际情况对东莞制造业转型升级的路径进行详细说明。

改革开放，东莞率先实行加工贸易使得制造业和东莞经济都得到了迅猛发展，这种发展使得东莞资本得到了大量积累，为东莞整体要素禀赋的改善提供了保证。应该说，在要素禀赋方面，东莞劳动要素相对丰富，而资本要素则相对稀缺，劳动密集型产品理所当然会成为我国当前的比较优势产品，这表现在产业结构上，劳动密集型产业必然会占主导地位。东莞制造业中的劳动密集型产业在我国对外开放步伐的不断加快的大背景下，在国际贸易活动中充分利用比较优势，极大地带动了东莞经济的迅猛增长。加之近些年我国内需不足，东莞制造业形成的大量产值最终以储蓄的方式通过国民收入的分配存入到银行，而且储蓄规模随着经济增长而不断增加，这就为资本积累提供了物质源泉。从第四章的经验分析中我们也可以看到，东莞制造业长期以不变的资本报酬率追求更高附加值的内在动力成为东莞制造业资本积累的重要推动力，而经济发展带来的不断增大的储蓄为东莞的资本积累提供了资金支撑。随着资本的不断积累，东莞的整体要素禀赋发生着改变，资本富裕程度正在改善。这种要素禀赋状况改善必将促进制造业生产结构和出口结构的升级，从而为东莞制造业产业的转型升级铺出一条顺畅的光明大道。

第三节　东莞制造业产业转型升级的建议

在当前世界经济一体化进程不断推进的情况下，考虑东莞制造业产业转型升级必须是系统性的，我们认为应该从以下几个方面入手。

一、进一步完善政府职能转变是东莞制造业实现产业转型的前提

在这里，我们首先强调政府职能对制造业转型升级的作用，主要是考虑政府作为宏观政策的制定者，政府效率的高低，政策是否得当，直接关系到东莞经济的发展方向以及发展速度，而这对东莞制造业转型升级更为重要。

与经济体制改革相比，政府转型存在着严重的滞后。主要表现在：(1) 政府转型存在着严重的动力不足。很难让政府部门主动放弃获得利益的权力，同时，腐败以及权力失衡的现象没有得到根本有效地控制，一些地方社会治安以及投资环境等相对比较差，使得一部分企业对政府缺乏安全感和信任度。(2) 政府转型目标问题。以往政府转型的目标主要涉及到政治体制改革的层面上，比如人员精简、机构改革等。但是仅仅依靠这些改革并不能从根本上解决政府办事效率低下，不能使得企业对政府放心，不能将更多高科技企业引入到本地。因此，必须要通过民主、法制的不断完善，更进一步深化政治体制改革，加快政府转型。

应该说，作为改革开放的先行者之一，东莞是比较早的运行市场经济的地区，市场经济活力比较旺盛，政府干预经济相对比较少。但是，东莞政府也存在上述问题，近些年来，很多企业从东莞迁出，究其原因主要是人民币汇率升值以及劳动力成本的上升凸显出东莞的投资环境的恶化，特别是社会治安相对较乱一直是企业抱怨的地方。前面的分析中，我们知道，东莞制造业主要是低成本、低利润、缺乏自主品牌与技术含量，劳动要素是东莞制造业参与国际分工的比较优势，一旦低成本的比较优势丧失，面临的危机就不单纯是生产危机，而是生存危机。要解决这些问题，不仅需要企业升级，更需要的是地方政府升级，向服务型转变。目前东莞并不怕迁出多少企业，而是非常担心整个市场环境是否在逐步恶化。一些企业在观望，它们在等候市场信号。因此，这个时候更需要东莞市政府首先升级，转变职能，向服务型转变，重点抓好投资环境建设，为企业特别是高新技术企业以及具有适用性技术的企业进驻东莞提供服务。

二、改善物质资本和人力资本积累状况，进一步改善各行业比较优势

前面的分析，我们知道，资本积累是推动东莞制造业比较优势改善

的重要因素，也是东莞制造业进行产业调整升级的关键所在。因此，东莞制造业转型升级还要看东莞未来资本积累的状况。

根据波特的竞争优势理论可以知道，生产要素是形成竞争优势的重要因素，它可以分为初级生产要素（basic factor）和高级生产要素（advanced factor）两类①。初级生产要素主要包括天然资源、气候、地理位置、非技术人工与半技术人工、融资等；高级生产要素主要包括通讯基础设施、尖端科技、高级技术人才、生产技术诀窍、管理经验等。两者的区别在于：前者是被动继承的，后者则是需要先在人力和物力上大量而持续地投入才能创造出来。经济全球化以及科技时代的到来使得人力资本作为高级生产要素的重要性日益显露出来。东莞制造业产业转型升级不仅要实现从劳动密集型行业向物质资本密集型行业转变，更应该进一步升级，向人力资本密集型产业方向发展。

在物质资本密集型和人力资本密集型产业中，只有不断地进行资本投入以形成资本积累才能使得这些行业获得比较优势，而这些行业所要求的资本积累也只能通过发挥自身现有的比较优势才能实现。东莞制造业各行业已经通过自身的生产结构按照比较优势的原则生产并出口了自己相对比较优势的产品，但是这些产品仍然是以劳动密集型为主，物质资本密集型以至于人力资本密集型产品出口比重所占比重不大。这就更加要求东莞制造业在未来的发展中改善物质资本和人力资本的积累状况。

（一）快物质资本积累的同时，处理好内外资之间的关系

对于物质资本，东莞可以利用的主要有外资和国内资本。应该说外资是推动东莞当前经济发展的重要抓手。截止到 2009 年，东莞累计实际利用外资达到了 480.53 亿美元。而 2009 年，实际利用外资 29.42 亿美

① 迈克尔·波特：《国家竞争优势》，华夏出版社 2002 年版。

元，其中外商直接投资利用外资25.94亿美元，外商其他投资3.48亿美元[①]。这些实际利用的外资大多数都流入到制造业，极大地加快了制造业资本的积累速度。

再看国内资本，衡量国内资本利用的一个指标是固定资产投资和制造业总产值。1990年东莞固定资产投资仅为7.51亿元，而到了2000年则突破了100亿元，达到了102.89亿元，到2009则达到了1094.08亿元，这20年年均增长率达到28.28%。而2000年东莞制造业总产值为841.73亿元，到了2009年则达到了4691亿元，年均增长达到了18.74%。

应该说物质资本在促进东莞制造业资本积累方面具有非常重要的作用。但是，为了进一步提升东莞制造业产业结构转型和升级，我们应该处理好内外资的关系，众所周知，外资投入到某一行业必将会对内资有一定的挤出效应[②]。为了更好地利用外资，减少其对内资的挤出效应，我们认为，利用外资必须把握以下几个原则：（1）利用外资的大方向不变，即保证外资作为引进先进技术、管理经验的有效通道。（2）提高利用外资的质量，实现从数量型外资向质量型外资转变。在引资总量略有提高的前提下，适当控制技术含量低的FDI，尽可能地引进技术含量高的FDI。（3）优化外资结构。外资结构优化包括优化外资来源结构、外资产业分布结构。从东莞现状来看，绝大部分FDI来自于港、澳、台等，这些FDI大部分是“两头在外”的加工贸易型企业，技术含量低，产业关联度和溢出效应弱，挤出效应明显。从产业分布来看，东莞引进的FDI大多投向已饱和或竞争激烈的行业，这也是造成东莞FDI挤出内资的因素之一。因此。在不减少引进外资总量的前提下，优化外资结构，有利

① 资料来源：《东莞统计年鉴2009》。

② 有关外资挤出效应的研究请参照杨柳勇（2002）、程培罡（2003）、王志鹏（2004）、刘洋（2006）。这些学者均从不同角度证明了外资对我国国内资本具有不同程度的挤出效应。

于减弱 FDI 对内资的挤出效应。

（二）强化人力资本积累，加快引智工程

由于东莞主要以“三来一补”的加工贸易为主，制造业各行业又以劳动密集型为主，低附加值、低利润的特点使得东莞制造业各行业对人才素质要求不是很高，企业也没有多少兴趣加大人力资本的培育。从受过良好教育的劳动力供给方面①，我们可以看出一些端倪：1995 年，东莞高校毕业生人数仅为 395 人，到了 2000 年增加到 985 人，而到 2009 年也只有 7292 人。应该说经过了 15 年的发展，东莞人力资本的供给是有了改善，但是与我国平均水平相比还是较低的。再看东莞从事科学技术人员数，1987 年东莞从事科技工作的人数就已经超过了 1000 人，达到了 10945 人，经过 22 年的发展，到 2009 年这一人数达到了 55097 人，可见人力资本虽有提高，但是相对比较缓慢。

因此，为了进一步推动东莞制造业产业结构转型升级，人力资本积累刻不容缓，这就要求首先必须要有一个人才激励机制。一个地区只有聚集了大量的优秀人才，研究开发机构才会发展迅速，有充分的技术交流创新活动才会比较活跃。除了要有完善有力的激励人才机制，还要创造良好的工作、生活和人文环境。在生活水平不断提高的今天，高薪之外，人们也越来越注重工作、生活和人文环境。这对政府管治水平和社会氛围都提出了较高要求。安居才能乐业，改善东莞市的社会环境，特别是治安、交通、卫生等管理环境，不但是打造和谐社会的需要，也是东莞市经济发展、吸引人才的需要。另外也要形成尊重人才、积极学习、鼓励发展的融洽和谐社会。最后要形成促进发展的区域文化。成功的发展经验表明，一个高新产业集群要有一种与科技企业发展相容的文化支

① 据东莞理工学院不完全统计，每年东莞高校毕业生绝大多数都会选择在东莞工作。

撑。良好的区域文化植根不但促进企业之间的学习交流、增强企业发展的活力，还是地区持续创新发展的保证。

三、改造传统制造业的基础上，不断提高投入产出效率，大力发展先进制造业

东莞制造业的比较优势主要集中在劳动密集型产业中。而众所周知，纺织服装、家具、文教体育用品、造纸及纸制品、食品、饮料、化学原料及化学制品等是东莞的传统制造业，正是这些产业的发展带动了东莞经济的发展，但是也不得不承认这些产业基本上都处于国际制造业价值链的低端，对资源消耗比较大、附加值相对较低，因此，在发挥这些传统制造业的比较优势基础上，应该重点对这些产业进行改造，加快其产业的转型升级。同时，大力发展先进制造业，实现产品的升级换代。

（一）改造传统制造业，提高其参与国际市场的竞争优势

对于传统制造业的改造，笔者认为可以从传统制造业产业结构的调整、科学技术的运用以及实施产业转移三个方面入手。

1. 调整传统制造业产业结构

生产适销对路的产品一向是一个产业发展的关键。东莞传统制造业要想在东莞经济发展中继续发挥作用，必须适应国际市场需求，进行产品更新换代，生产适销对路的产品以满足国际和国内市场的需求。

比如，服装行业本来就是低门槛行业，市场竞争比较激烈，利润空间越来越少，东莞纺织服装业必须开展产品品种创新。可以从以下三个方面考虑：第一是加大力度发展家用和产业用纺织品，满足国内市场需求；第二是加快发展高档纺织服装产品以满足国际市场生活要求；最后是研发生产高性能、高功能纤维，满足军工需求。

对于家具制造业，东莞家具制造业应该做好以下几点：一是增加研

发投入，设计原创品牌以拓展国内外市场；二是鼓励发展个性化、特殊材料家具，特别是面向诸如残疾人的专用家具，以满足不同人群对家具的消费；三是在建立东莞文化名城的目标下鼓励发展具有文化底蕴的家具产品。

关于文教体育用品，这里我们主要提到的是玩具。东莞是世界玩具制造业的生产基地之一。在玩具产品结构上，我们觉得可以不仅仅考虑儿童玩具的制造，同时适当地加大成人玩具的生产和研发。当然不管是什么类型的玩具，具有创新性及高技术含量是永恒不变的主题。

2. 提高科技水平，增强传统产业的竞争力

加大科技投入，利用高新技术以及适用性技术改造传统制造业是提升东莞传统制造业得重要途径。在这方面，我们认为可以从四个方面入手：一是以高效节能技术装备传统制造业；二是以信息技术提升传统制造业。完全可以利用信息技术，全面实施制造业信息化工程，引导企业将信息技术特别是计算机技术广泛应用于生产设备、过程控制以及企业管理的全过程；三是发展生物技术，提升传统产业。将生物技术广泛应用于东莞食品制造业、医药制造业、化学原料及化学制品制造业等东莞重点发展的产业；四是挖掘新材料技术，发展传统产业。将高分子聚合为特点的新材料应用到东莞通信设备、计算机及其他电子设备制造业、塑料制品业、家具制造业以及文体用品制造业中，有利于促进这些产业的升级。

3. 组织实施产业转移，为传统制造业瘦身

对于传统制造业中低端低水平劳动密集型企业，完全可以通过组织实施产业转移的方式，为传统制造业瘦身，促进其产业转型升级。可以考虑的方模式有两种：一是将东莞需要转移的劳动密集型企业总部留在东莞，生产加工环节通过各种方式由企业迁移至内地欠发达城市和地区；二是与其他地区签署协议，共建产业转移工业园，仍然将总部留在东莞，

而将生产加工环节迁移到转移工业园中。

（二）充分发挥比较优势，大力发展先进制造业

先进制造业是广泛利用先进技术和设备、现代管理手段和制造模式，科技含量较高的制造业形态①。与传统制造业相比，先进制造业主要表现在产业的先进性、技术的新进行、管理的先进性。

对于东莞的先进制造业，我们认为主要有装备制造业。这一制造业主要涵盖了金属制品业、通用设备制造业、专用设备制造业、交通运输设备制造业、电气机械及器材制造业、通信设备、计算机及其他电子设备制造业和仪器仪表及文化、办公用机械制造业。

对于装备制造业的发展，以关键核心技术为突破口，提升装备制造业自主创新能力，同时在条件允许的情况下，可以依托广东省，打造一批重大转杯制造业得基地。其次应该推动东莞与其他地区的“强强联合”“弱强联合”来加强区域合作技术交流，比如加快莞深惠技术合作和交流、加快东莞制造业的生产与香港的服务联系，实现技术与管理的双突破等等。具体的，我们以为应该从以下几个方面入手：

1. 整合科技资源，建立开放性技术创新体系

技术创新是具有超强的渗透性、明显的超前性和可分享性，它能够不断改变产业内的科技资源，促使产业生产率快速提高。整合科技资源包括两部分：一是企业、高等院校、科研院所、工程研究中心等科研活动单位的整合；二是高新技术开发区、留学生科技园等中、宏观层次的整合。由于装备制造业的技术创新要大量的资金，具有较高风险，需要多方面的协作，优势互补、资源共享、风险共担，这就要求东莞市政府大力推进以企业为主体，以其它科研单位为依托，以中、宏观层次科技

① 陈鸿宇：《广东加快转变经济发展方式读本》，羊城晚报出版社 2013 年版。

资源为支撑的开放式技术创新体系建设，逐步形成开发具有世界水平的高技术装备和功能部件产品，培养出一批具有国际竞争力的创新人才，建立以企业为主体、具有开放性的国际化技术创新体系。这既要加强企业与高校、科研机构的合作，还要求企业之间加强技术交流与合作。

2. 建立以大企业为依托，中小企业广泛参加的自主创新体系

科技资源的整合，在很大程度上为装备制造业提供一个可以利用的平台资源，但是要真正实现产业转型升级，自主创新体系的建立是必不可少的。企业是技术创新的支柱，也是实施自主创新的载体，充分发挥企业的主体地位作用，能够极大地推动装备制造业内部结构优化升级。大型装备制造业企业拥有比较雄厚的资金和科研优势，其科技开发、制造、营销能力相对来说都比较强，往往能够在产业链上、产品生产上占据主导地位，这对中小企业具有很强的吸引力和感召力；而中小型装备制造业企业比较有活力，劳动生产效率相对较高，在产业链产品生产中处于从属位置，主动要求合作的意愿比较强烈，所以完全可以根据大、中、小企业的特性建立以大企业为主体，中小企业广泛参加的自主创新体系。当然大企业的率先垂范作用是最重要的。这就要求东莞以培育重点企业为契机，重点打造一批龙头装备制造业。通过考察，东莞市应该重点扶持10家装备制造骨干企业，做大做强，为其他企业率先垂范，力图实现装备制造业的进一步升级。

3. 加大科技创新的资金投入，形成多元化投资格局

资金是企业的血脉，要加快制造业转型升级，就必须深化金融体制改革，建立和完善以政府科技投入为引导，企业自主投入为主体，金融贷款为支撑，吸引外资和国内资本为补充的多渠道、多层次的科技投入体系，实现金融与科技的结合。这样东莞市政府完全可以在国家产业政策指导下制定吸引外资与民间资本进入装备制造业的优惠政策，鼓励外资与民间资本对装备制造业技术进步的投入；改善银企关系，完善银行

与企业的联合协作机制，要落实银行对企业的政策性贷款，加大金融资本对装备制造业的支持力度。

第四节　小　结

本章主要探讨了东莞制造业产业转型升级的对策和建议。分析了东莞制造业产业升级的现状及其采取的措施。东莞市政府在统一思想后推进了四类试点工作、制定完善“1 + 26”政策体系、出台了“6 个 10 亿元”帮助扶持措施、搭建了政府服务平台、科技提升平台和市场拓展平台等三大服务平台、重点做好了三大关键工作。还分析了东莞分制造业转型升级存在的机遇和挑战。机遇表现在：市场机制运行良好为东莞产业转型提供良好制度保证；区位优势为制造业转型升级提供了重要支撑；产业集聚为制造业产业升级提供了技术条件；熟练劳动力、资金等生产要素资源为制造业产业升级提供重要保障。挑战主要有：土地资源供给相对紧张制约产业升级发展；劳动力整体素质偏低，制约产业进一步转型升级；自主技术、核心技术缺乏使产业转型升级存在瓶颈；金融制度创新滞后进一步阻碍东莞制造业产业转型升级。分析了东莞制造业转型升级的路径。产出的增加通过储蓄使得企业资本积累不断增加，这种资本积累使得一国比较优势发生改变，从而导致产业结构转型升级，升级后的产业会生产出更多的产出，从而进一步增加资本积累，进一步强化比较优势，从而促进更深化的产业转型和升级。最后，对制造业升级提出了建议和对策。进一步完善政府职能转变是东莞制造业实现产业转型的前提；改善物质资本和人力资本积累状况，进一步改善各行业比较优势；在原有比较优势的基础上，改造传统制造业，发展先进制造业。

参考文献

中文著作

[1] 白英姿:《跨越比较优势陷阱——从比较优势到综合竞争优势》,吉林大学博士学位论文,2008 年。

[2] 保罗·克鲁格曼、茅瑞斯·奥伯斯法尔德:《国际经济学》(第五版),中国人民大学出版社 2002 年版。

[3] 伯尔蒂尔·奥林:《地区间贸易和国际贸易》,商务印书馆 1986 年版。

[4] 戴维、里维里恩:《国际货币经济学前沿问题》,中国税务出版社 2000 年版。

[5] 范云芳:《要素集聚、国际分工与中国的比较优势研究》,西北大学博士学位论文,2009 年。

[6] 傅红春等:《中美主要宏观经济指标比较研究》,人民出版社 2005 年版。

[7] 高鸿业:《西方经济学》,中国人民大学出版社 2000 年版。

[8] 高敬峰:《中国制造业比较优势与产业结构升级研究》,山东大学博士学位论文,2008 年。

[9] 郭晶:《动态比较优势模型及其对我国产业政策选择的启示》,湖南大学硕士学位论文,2004 年。

[10] 郭克莎、王延中:《中国产业结构变动趋势及政策研究》，经济管理出版社 1999 年版。

[11] 国家计委宏观经济研究院课题组:《中国工业结构调整与升级:理论、实证和政策》，中国计划出版社 2001 年版。

[12] 何帆、张斌:《寻找内外平衡的发展战略》，上海财经大学出版社 2006 年版。

[13] 江小涓:《世纪之交的工业结构升级》，上海远东出版社 1996 年版。

[14] 姜波克:《开放经济下的政策搭配》，复旦大学出版社 1999 年版。

[15] 蒋选:《面向新世纪的我国产业结构政策》，中国计划出版社 2003 年版。

[16] 蒋中一:《数理经济学的基本方法》，商务印书馆 1999 年版。

[17] 库兹涅茨:《各国的经济增长》，商务印书馆 1985 年版。

[18] 拉迪:《中国未完成的经济改革》，中国发展出版社 1999 年版。

[19] 李嘉图:《政治经济学及赋税原理》，商务印书馆 1962 年版。

[20] 李斯特:《政治经济学的国民体系》，商务印书馆 1961 年版。

[21] 联合国编:《国民经济核算体系 1993》，国家统计局国民经济核算司译，中国统计出版社 1995 年版。

[22] 刘佳:《基于自主创新我国比较优势动态转换路径选择》，同济大学博士学位论文，2008 年。

[23] 马克思:《资本论》，人民出版社 1975 年版。

[24] 钱纳里等:《工业化和经济增长的比较研究》，上海三联书店 1989 年版。

[25] 邱晓华:《外贸对中国经济影响的实证分析》，中国统计出版社 2005 年版。

[26] 申朴:《技术变迁、资本积累与发展中国家服务贸易比较优势动态变化的研究》，复旦大学博士学位论文，2004 年。

[27] 王福军：《比较优势演化与装备制造业升级研究》，东北师范大学博士学位论文，2009 年。

[28] 王健：《转型国家经济增长研究》，复旦大学博士学位论文，2005 年。

[29] 亚当·斯密：《国民财富的性质和原因的研究》，商务印书馆 1974 年版。

[30] 杨小凯、黄有光：《专业化与经济组织——一种新兴古典微观经济学框架》，经济科学出版社 1999 年版。

[31] 殷德生：《报酬递增、动态比较优势与产业内贸易》，华东师范大学博士学位论文，2005 年。

[32] 袁开洪：《中国制造业发展与劳动力质量优化配置研究》，华中科技大学博士学位论文，2006 年。

[33] 臧旭恒等：《产业经济学》（第三版），经济科学出版社 2005 年版。

[34] 张亚斌：《内生比较优势理论与中国对外贸易结构转换》，中国社会科学院研究生院博士学位论文，2002 年。

[35] 赵春艳：《比较优势及竞争优势的关联机理与转化机制研究》，武汉理工大学博士学位论文，2013 年。

[36] 中国商务部国际贸易经济合作研究院：《中国对外经济贸易白皮书（2003）》，中信出版社 2003 年版。

中文文章

[1] 北京大学中国经济研究中心课题组：《中国出口贸易中的垂直专门化与中美贸易》，《世界经济》2006 年第 5 期。

[2] 蔡昉、王德文、王美艳：《工业竞争力与比较优势——WTO 框架下提高我国工业竞争力的方向》，《管理世界》2003 年第 2 期。

[3] 郭克莎：《对中国外贸战略与贸易政策的评论》，《国际经济评论》

2003 年第 9 期。

[4] 华民:《我们究竟应当怎样来看待中国对外开放的效益?》,《国际经济评论》2006 年第 1 期。

[5] 胡昭玲:《产品内国际分工对中国工业生产率的影响分析》,《中国工业经济》2007 年第 6 期。

[6] 黄蔚、方齐云:《对外开放与我国经济增长的实证分析》,《国际贸易问题》2006 年第 6 期。

[7] 江小涓:《我国出口商品结构的决定因素和变化趋势》,《经济研究》2007 年第 5 期。

[8] 金碚、李钢、陈志:《加入 WTO 以来中国制造业国际竞争力的实证分析》,《中国工业经济》2006 年第 10 期。

[9] 李辉文:《现代比较优势理论的动态性质——兼评“比较优势陷阱”》,《经济评论》2004 年第 1 期。

[10] 李小平、朱钟棣:《国际贸易、R&D 溢出和生产率增长》,《经济研究》2006 年第 2 期。

[11] 梁琦:《中国制造业分工、地方专业化及其国际比较》,《世界经济》2004 年第 12 期。

[12] 林毅夫、蔡防、李周:《比较优势与发展战略—对“东亚奇迹”的再解释》,《中国社会科学》1999 年第 5 期。

[13] 刘志彪:《中国沿海地区制造业发展:国际代工模式与创新》,《南开经济研究》2005 年第 5 期。

[14] 卢锋:《当代服务外包的经济学观察:产品内分工的分析视角》,《世界经济》2007 年第 8 期。

[15] 马剑飞、朱红磊、许罗丹:《对中国产业内贸易决定因素的经验研究》,《世界经济》2002 年第 9 期。

[16] 潘悦:《在全球化产业链条中加速升级换代——我国加工贸易的产

业升级状况分析》,《中国工业经济》2002 第 6 期。
[17] 任若恩:《关于中国制造业国际竞争力的初步研究》,《中国软科学》1996 年第 9 期。
[18] 任若恩:《关于中国制造业国际竞争力的进一步研究》,《经济研究》1998 年第 2 期。
[19] 吴延兵:《R&D 与生产率——基于中国制造业的实证研究》,《经济研究》2006 年第 11 期。
[20] 许辉:《国际分工与我国产业结构升级研究》,《当代财经》1999 第 8 期。
[21] 徐娅玮:《中国产业内贸易的现状与成因分析》,《国际贸易问题》2001 年第 12 期。
[22] 尹翔硕:《中国出口制成品结构与制造业生产结构差异的分析》,《国际贸易问题》1997 年第 4 期。
[23] 余剑、谷克鉴:《开放条件下的要素供给优势转化与产业贸易结构变革——基于比较优势战略的中国改革开放实践的考察》,《国际贸易问题》2005 年第 11 期。
[24] 曾国宁:《区域产业竞争力的来源》,《经济学动态》2006 年第 6 期。
[25] 张伯伟:《制造业出口竞争优势与资本密集度之间关系的实证分析》,《世界经济》2000 年第 7 期。
[26] 刘伟:《全球视角下的美国贸易逆差问题研究》,《南方金融》2005 年第 8 期。
[27] 刘伟、凌江怀:《汇率波动与中美贸易逆差问题探讨》,《国际金融研究》2006 年第 9 期。
[28] 张鸿:《我国对外贸易结构及其比较优势的实证分析》,《国际贸易问题》2006 年第 4 期。

[29] 张小蒂、孙景蔚:《基于垂直专业化分工的中国产业竞争力分析》,《世界经济》2006 年第 5 期。

[30] 张幼文:《从廉价劳动力优势到稀缺要素优势—论“新开放观”的理论基础》,《南开学报》(哲学社会科学版) 2005 年第 6 期。

[31] 张幼文:《经济全球化与国家经济实力——以“新开放观”看开放效益的评估方法》,《国际经济评论》2005 第 9 期。

[32] 郑海涛、任若恩:《多边比较下的中国制造业国际竞争力研究:1980—2004》,《经济研究》2005 年第 12 期。

[33] 郑海涛、任若恩:《中国制造业国际竞争力的比较研究——基于中国和德国的比较》,《中国软科学》2004 年第 10 期。

[34] 周弋、任若恩:《中国产业内贸易现状及制造业的竞争力》,《经济与管理研究》1999 年第 6 期。

[35] 朱建国等:《产业国际竞争力内涵初探》,《世界经济文汇》2001 年第 1 期。

[36] 左大培:《跨国公司及其对东道国的经济影响的再分析》,《国际经济评论》2003 年第 9 期。

外文文献

[1] Adlai E. Stevenson, “Regional Trade Cooperation in Asia”, *Journal of Asian Economics*, Vol, 15, 2004, pp. 837-841.

[2] Albert Park and Kaja Sehrt, “Tests of Financial Intermediation and Banking Reform in China”, *Journal of Comparative Economics*, Vol. 29, 2001, pp. 608-644.

[3] Aghion, P., Bacchetta, P., Banerjee, Abhijit, “Currency Crises and Monetary Policy in an Economy with Credit Constraints”, *European Economic Review*, Vol. 45, 2001, pp. 1121-1250.

[4] Chou, W. L. and Y. C. Shin, "The Equilibrium Exchange Rate of Chinese RMB", *Journal of Comparative Econmics*, Vol. 26, 1997, pp. 165-174.

[5] Christopher M. Meissner, "A New World Order: Explaining the International Diffusion of the Gold Standard, 1870-1913", *Journal of International Economics*, Vol. 66, 2005, pp. 385-406.

[6] Clark, P. and R. MacDonald, "Exchange Rates and Economic Fundamentals: A Methodological Comparison of BEERs and FEERs", IMF Working Paper, No. 98/67, May, 1998.

[7] Daniel J. B. Mitchell, "Dismantling the Cross of Gold: Economic Crises and U. S. Monetary Policy", *North American Journal of Economics and Finance*, Vol. 11, 2000, pp. 77-104.

[8] Dornbusch, Rudiger, "Expectations and Exchange Rate and Monetary Policy", *Journal of International Econmics*, 1976, pp. 231-244.

[9] Edwards, S., "Real Exchange Rates in the Developing Countries: Concepts and Measurement", National Bureau of Economic Research Working Paper No. 2950, April, 1989.

[10] Elbadawi, I. A., "Estimating Long Run Equilibrium Exchange Rate", in John Williamson (ed.), *Estimating Equilibrium Exchange Rates*, 1994, pp. 93-133.

[11] Fariborz Moshirian, "Elements of Global Financial Stability", *Journal of Multinational Financial Management*, Vol. 14, 2004, pp. 305-314.

[12] Fariborz Moshirian, "Editorial Financial Systems in the New Millennium", *Journal of Multinational Financial Management*, Vol. 11, 2001, pp. 315-320.

[13] Fleming, J. Marcus, "Domestic Financial Policies under Fixed and Floating Exchange Rates", IMF Staff Paper, No. 9, 1962, pp. 369-377.

[14] Flood, Robert, Peter Garber and Kramer, "Collapsing Exchange Rate Regimes: Another Linear Example", *Journal of International Economics*, Vol. 21, 1996.

[15] Flood, Robert and Nancy P. Marion, "Speculative Attacks: Fundamentals and Self- Fulfilling Prophecies", Working Paper, No. 5789, Oct. 1998.

[16] Goldfajn, Ilan, Valdes, O. Rodrigo, "Capital Flows and the Twin Crisis: The Role of Liquidity", IMF Working Paper, July, 1997.

[17] Graciela L. Kaminsky, Carmen M. Reinhart, "Financial Crises in Asia and Latin America: Then and Now", *American Economic Review*, Vol. 88, No. 2, Papers and Proceedings of the Hundred and Tenth Annual Meeting of the American Economic Association, May, 1998, pp. 444-448.

[18] Granger, C. W. J., "Testing for Causality", *Journal of Economic Dynamics and Control*, Vol. 2, 1980, pp. 329-352.

[19] Granger, C. W. J, and R. Engle, "Co-integration and Error-Correction: Representation, Estimation, and Testing", *Econometrica*, Vol. 55, 1987, pp. 251-276.

[20] Genberg, H., "Purchasing Power Parity under Fixed and Flexible Exchange Rate", *Journal of Iutemationd Economics*, Vol. 8, 1978, pp. 247-276.

[21] Gustav Cassel, " Money and Foreign Exchange after 1914", *The Economic Journal*, Vol. 32, No. 128, Dec., 1922, pp. 506-513.

[22] Hallwood, P., MacDonald, R., *International Money and Finance*, 2nd edu. Blackwells, Oxford, 1994.

[23] Ilan Goldfajn, Rodrigo O. Valdes, "The Aftermath of Appreciations", *The Quarterly Journal of Economics*, Vol. 114, No. 1, Feb., 1999, pp. 229-262.

[24] Kravis, P. , Lipsey, R. , "Price Behavior in the Light of Balance of Payments Theory", *Journal of International Economy*, Vol. 8, No. 2, 1978, pp. 193-246.

[25] Isard, P. , "How Far Can We Push the Law of One Price?", *American Economic Review*, Vol. 67, 1977, pp. 942-948.

[26] Krugman, Paul, "Balance Sheets, the Transfer Problem, and Financial Crises", *International Tax and Public Finance*, Vol, 6, Nov. , 1999, pp. 459-472.

[27] Margarida Duarte, "Why don't Macroeconomic Quantities Respond to Exchange Rate Variability?" *Journal of Monetary Economics*, Vol. 50, 2003, pp. 889-913.

[28] Maurice Obstfeld, "Rational and Self- Fulfilling Balance of Payments Crises", *American Economic Review*, Vol. 76, No. 1, Mar. , 1986, pp. 72-81.

[29] McKinnon, Ronald I. , Pill, Huw, "Exchange-Rate Regimes for Emerging Markets: Moral Hazard and International Overborrowing", *Oxford Review of Economic Policy*, Vol. 15, Autumn 1999, pp. 19-38.

[30] Michele Bagella, Leonardo Becchetti, Iftekhar Hasan, "Real Effective Exchange Rate Volatility and Growth: A Framework to Measure Advantages of Flexibility vs. Costs of Volatility", *Journal of Banking & Finance*, 2005, pp. 325-378.

[31] Mishkin, Frederic S. "Symposium on the Monetary Transmission Mechanism", *Journal of Economic Perspective*, Vol. 9, 1995, pp. 3-10.

[32] Montiel, P. J. , "Determinants of the Long-Run Equilibrium Exchange Rate: An Analytical Model", in Lawance E. Hinkle and Peter. J. Montiel (eds.), *Exchange Rate Misalignment: Concepts and Measurement for Developing Countries*, New York: The World Bank, 1999, pp. 264-290.

[33] Montiel, P. J., "The Long Run Equilibrium Exchange Rate: Conceptual Issues and Empirical Reasearch", in Lawance E. Hinkle and Peter J. Montiel (eds.), *Exchange Rate Misalignment: Concepts and Measurement for Developing Countries*, New York: The World Bank, 1999, pp. 219-263.

[34] Morris, S., Shin, H. S., "Unique Equilibrium in a Model of Self-Fulfilling Attacks", *American Economic Revies*, Vol. 88, 1998, pp. 587-597.

[35] Mundell, R. A., "Better Theory and the Monetary Mechanism of Adjustment", originally was Chapter 8 of International Economics, reprinted in *The Monetary Approach to the Balance of Payments*, edited by Jacoba Frenkel and Harry G. Johnson, 1968.

[36] Mundell, R. A., "Capital Mobility and Stabilization Policy under Fixed and Flexible Exchange Rates", *Canadian Journal of Economic and Political Science*, Vol. 29, 1963, pp. 475-485.

[37] Nurkse, R., "Conditions of International Monetary Equilibrium", *Essays in International Finance*, 4, spring, Princeton, University Press, 1945.

[38] Obstfeld, M., "Models of Currency Crisis with Self-Fulfilling Features", *European Economic Review*, Vol. 40, 1996, pp. 1037-1048.

[39] Obstfeld, M. and K., Rogoff, "Exchange Rate Dynamics Redux", *Journal of Political Economy*, 1995.

[40] Paul Krugman, "A Model of Balance-of-Payments Crises", *Journal of Money, Credit and Banking*, Vol. 11, No. 3, Aug., 1979, pp. 311-325.

[41] Reuven Glick, Michael Hutchison, "Capital Controls and Exchange Rate Instability in Developing Economies", *Journal of International Money and Finance*, Vol. 24, 2005, pp. 387-412.

[42] Robert Mundell, "The Case for a World Currency", *Journal of Policy Modeling*, Vol. 27, 2005, pp. 465-475.

[43] Robert P. Flood, Peter M. Garber, "Collapsing Exchange-rate Regimes: Some Linear Example", *Journal of International Economy*, Vol. 17, 1984.

[44] Ronald I. McKinnon, Huw Pill, "Credible Economic Liberalizations and Over-borrowing", *The American Economic Review*, Vol. 87, No. 2, Papers and Proceedings of the Hundred and Fourth Annual Meeting of the American Economic Association, May, 1997, pp. 189-193.

[45] Ronald I. McKinnon, "Trapped by the International Dollar Standard", *Journal of Policy Modeling*, 27, 2005, pp. 477-485.

[46] Ronald I. McKinnon, "On the periphery of the international dollar standard: Canada, Latin America, and East Asia", *North American Journal of Economics and Finance*, Vol. 11, 2000, pp. 105-121.

[47] Shenggen Fan, Z. Linxiu and X. Zhang, "Growth, Inequality and Public Investment in China", Research Report No. 125, International Food Policy Research Institute, Washington D. C., 2002.

[48] S. Johansen, "Modeling of Cointegration in the Vector Autoregressive Model", *Economic Modeling*, Vol. 17, 2000, pp. 359-373.

[49] Stein, "The National Real Exchange Rate of the Dollar and Determinants of Capital Flows", in John Williamson (ed.), *Estimating Equilibrium Exchange Rates*, 1994, pp. 61-69.

[50] Stephen W. Salant and Dale W. Henderson, "Market Anticipations of Government Policies and the Price of Gold", *The Journal of Political Economy*, Vol. 86, No. 4, Aug., 1978, pp. 627-648.

[51] Tamim Bayoumi, Barry Eichengreen, "Exchange Rate Volatility and Intervention: Implications of the Theory of Optimum Currency Areas", *Journal of International Economics*, Vol. 45, 1998, pp. 191-209.

[52] Volbert Alexander, George M. von Furstenberg, "Monetary Unions—A Su-

perior Alternative to Full Dollarization in the Long Run", *North American Journal of Economics and Finance*, Vol. 11, 2000, pp. 205-225.

[53] Williamson, "The Exchange Rate System", *Policy Analyses in International Economics*, No. 5, June, 1985.

[54] Xiaoming Li, "Reforming China's Financial System and Monetary Policies: A Sovereign Remedy for Locally Initiated Investment Expansion?", *Journal of Development Economics*, Vol. 62, 2000, pp. 423-443.

[55] Yingfeng Xu, "China's Exchange Rate Policy", *China Economic Review*, Vol. 11, 2000, pp. 262-277.

[56] Yingfeng Xu, "Money Demand in China: A Disaggregate Approach", *Journal of Comparative Economics*, Vol. 26, 1998, pp. 544-564.

[57] Zhichao Zhang, "Exchange Rate Reform in China: An Experiment in the Real Targets Approach", *The World Economics*, Vol. 23, Issue 8, pp. 1057-1081.

[58] Zhang, Zhichao, "Real Exchange Rate Misalignment in China: An Empirical Investigation", *Journal of Comparative Economics*, Vol. 29, 2001, pp. 1-15.

后　记

经过近两年的资料收集和数据处理，这部著作终于完成了。本著作是我与刘国真共同合作完成的。在这两年的合作过程中，刘国真严谨的治学态度、渊博的学识，给我留下了深刻的印象，使我受益匪浅。

这部著作倾注了我和刘国真大量的心血，也是我们伟大友谊的结晶。在著作的选题、构思、资料收集、制定提纲、写作以至最后的定稿，我们都是不断交流，反复推敲。特别是在初稿完成后，刘国真竟然字斟句酌地审阅，每个细微的差错都用红笔加以标注。这种严谨的治学态度和诲人不倦的热情，让我感动不已。所有的这一切都令我终身难忘。在著书立说的过程中，得到了东莞理工学院科研处的大力支持，还有经济贸易系诸位老师的真诚帮助和热情关怀，在此特向他们表示衷心的感谢。

同时，我还要感谢我的老婆。在写作的过程中，她不仅给予了我极大的支持，而且还给我生了一个漂亮的女儿。我看着女儿活泼可爱的样子，在深感欣慰的同时，觉得这部书又何尝不是我的孩子呢！

最后，我要感谢我的父母和妹妹。在写书的过程中，是他们给予我精神上和物质上的帮助，母亲的慈祥、关爱，父亲严格的教导，妹妹的鼓励和帮助，我终身难忘。如果没有他们的帮助，我想我很难完成书稿。在此，我想衷心地对他们说："你们放心吧！我会努力的！"

刘　伟

2015 年 4 月于东莞理工学院

责任编辑:陈　登

图书在版编目(CIP)数据

东莞制造业比较优势、产业关联度及转型升级研究/刘伟,刘国真 著.
-北京:人民出版社,2015.12
ISBN 978-7-01-015578-4

Ⅰ.①东…　Ⅱ.①刘…②刘…　Ⅲ.①制造工业-经济发展-研究-东莞市
Ⅳ.①F426.4

中国版本图书馆 CIP 数据核字(2015)第 289708 号

东莞制造业比较优势、产业关联度及转型升级研究

DONGGUAN ZHIZAOYE BIJIAO YOUSHI、CHANYE GUANLIANDU JI ZHUANXING SHENGJI YANJIU

刘伟　刘国真　著

人民出版社 出版发行
(100706　北京市东城区隆福寺街 99 号)

北京市通州兴龙印刷厂印刷　新华书店经销

2015 年 12 月第 1 版　2015 年 12 月北京第 1 次印刷
开本:710 毫米×1000 毫米 1/16　印张:12
字数:154 千字

ISBN 978-7-01-015578-4　定价:28.00 元

邮购地址 100706　北京市东城区隆福寺街 99 号
人民东方图书销售中心　电话 (010)65250042　65289539